# América Latina llora por falta de pan y libertad

Norma Santana

ISBN: 9798842208197

# Índice

17- Armamentismo en el continente Americano.

18- Desfalco y saqueo de los recursos públicos de todos los países latinoamericanos.

19- El problema político, social y económico de nuestro continente latinoamericano.

20- Intervención de estados unidos en nuestros países.

21- Los conflictos y las guerras no son ideológicos

22- El terrorismo en el mundo.

23- El holocausto y el  pueblo elegido por Dios.

24- El problema de las drogas.

25- El caso del Perú y la deuda externa desde el 1985.

26- El presidente Reagan no respetó a su pueblo.

27- Segregación racial.

28- El caso Irán Contra.

29- Problema chileno.

30- Deseo de darse a conocer.

31- El escándalo del general Manuel Antonio Noriega.

32- La ONU o Naciones Unidas.

33- Otro organismo inoperante e disfuncional es la

Organización de Estados Americanos (OEA)

35- Castro: ¿un fenómeno de la naturaleza o un

predestinado?

## *Dedicatoria*

*Dedico estas breves palabras de agradecimiento a mi padre, Aridio Santana, autor de este libro titulado "América Latina llora por falta de pan y libertad".*

*Él, con su gran amor de padre me ha cedido los derechos de autor y yo deseo agradecerle por escrito, mi infinito amor y agradecimiento por este enorme honor.*

*Gracias papá, siento un inmenso agradecimiento hacia ti, porque tu dirección a lo largo de mi vida ha hecho de mí, el ser humano que soy hoy.*


*Norma Santana*

# América Latina llora por falta de pan y libertad

Norma Santana

# *Introducción*

Este no es un trabajo literario donde se usan palabras refinadas con datos históricos. Esto sólo es un sencillo trabajo con palabras comunes muy fáciles de entender, palabras sin lustres pero llenas de verdades, de deseos de ver solucionados todos los problemas que afectan al mundo.

Con este trabajo trato de que el lector se concientice de cuál es la situación que actualmente vive el mundo y especialmente nuestros países latinoamericanos.

Quiero hacerle saber a nuestros pueblos cuáles son las causas que provocan tal estado de cosas. Con este trabajo dicho con un lenguaje simple y sencillo, quiero señalar con el índice acusador, al o los verdaderos culpables del vía crucis que vive el mundo en 1986 a final de siglo xx.

Norma Santana

## *El problema de la inmigración*

Como todos sabemos, en todo el mundo o sea en todos los países del mundo existe inmigración y leyes que la regulan y la controlan, pero el motivo de este trabajo es referirme a un caso en especial, el caso de la inmigración a EUA como todos sabemos aparte de su nativo pobladores (Los Indios) este es un país de inmigrantes pues desde 1607 en que una compañía.

Inglesa fundó la primera colonia que se llamó Jamestown ubicada en la desembocadura del río James en Virginia un 13 de Mayo del mismo año, a partir de la fecha y hasta el presente a este país se le pudiera llamar mixto, pues en su población convergen distintas razas de distintos orígenes, pero es bueno hacer notar que después de la segunda Guerra Mundial fue cuando hubo un mayor éxodo de inmigrantes, no sólo hacía EUA sino hacía casi todos los países que les dieron albergue y no tuvieron en el conflicto, pues la mayoría de ellos, por no decir todos huían del conflicto armado que aunque se le llama Guerra Mundial, se sabe que muchos países sólo participaron adhesiva mente o moralmente y con cierto apoyo material, pero no directamente, así que después de esa gran inmigración siempre ha habido inmigración en todas partes y por todas partes, con la diferencia que hay países con un índice mayor que otros como por ejemplo, el caso de EUA que es al cual me quiero referir.

EUA creo sin tener que hacer un gran análisis es el país que tiene más problemas con la inmigración, pero se puede decir que casi siempre ellos son los culpables, digo esto porque ellos siempre crean las condiciones para que esto suceda, primero puedo decir que la mayoría de los inmigrantes que tiene EUA son los llamados políticos o los verdaderos inmigrantes económicos como le llamo yo, pues casi ninguno de ellos viene a este país porque le gusta su clima, su belleza o su democracia. Si digo que EUA es el culpable de que exista tanta inmigración, lo digo porque así es, pues fíjate bien, casi en todos los conflictos bélicos que han existido en el mundo últimamente EE.UU ha participado directa o indirectamente, posición que lo hace proclive para que grupos sin ningún medio de superación en su país aprovechen el conflicto para pedir asilo en este país arguyendo que su vidas corren peligro. Situación está en la que EE.UU aunque sabiendo que esto no es cierto tiene que refugiarlos para no empañar su imagen de país refugio o demócrata, respeto a esto que digo tenemos como ejemplo el caso de Vietnam, Corea, Cuba, El Salvador, Nicaragua, Haití, y otros que no vale la pena mencionar o por lo menos en el caso de Haití, en ese país no ha habido conflicto bélico ni gobierno al que EE.UU tenga la necesidad de hostilizar por ejemplo; el caso de Cuba, pero sabemos que en Haití ha habido una dictadura de 30 años y por tal razón esos inmigrantes arguyen que huyen al terror implantado.

En el caso de Cuba ha sido un caso típico que ha alentado a otros ciudadanos a inventarse casos de persecución sólo para poder emigrar a EE.UU con fines económicos, pero disfrazado de persecución, el motivo es que EE.UU recibió al principio a los cubanos con los brazos abiertos, no por verdaderamente refugiar perseguidos políticos sino como una forma de dañar y desacreditar la revolución del pueblo

Cubano, pero ahora como ya se han convencidos que esa no es una arma poderosa, ahora EUA está arrepentido de lo que hizo, es decir, de recibir tantos refugiados cubanos o de otros países, pues creo la colonia cubana es la mayor de exiliados políticos de un sólo país, pero vaya usted a creer que EUA pierde en este negocio pues como ya dije antes, aparte de los consabidos beneficios que dan esos refugiados, económicos o como se le quiera llamar, estos también son usados para propagandas política, pues he visto a senadores, congresistas federales y estatales usarlo para fines proselitista,  hasta presidentes se han aprovechado de estos exiliados, uno ofreciendo una amnistía a los indocumentados u ofreciendo apoyo o adhesión a los cubanos en su causa contra el comunismo por ejemplo; el  presidente Reagan y Bush hicieron su campaña apoyándose en ese anticomunismo, para eso usando la ciudad de Miami como ciudad anfitriona por ser esta la mayor población de nacionalidad cubana.

En este periodo eleccionario se llegó a dar la ciudadanía a la mayor cantidad de personas en un sólo día sino me equivoco creo que a diez mil en una sola juramentación pero he bien sabido que aunque ellos dicen que son perseguidos políticos o anticomunistas, sabemos muy bien que de todo lo que hay un 95 % son económicos, una prueba de eso sólo habría que hacer una pequeña estadística para ver la capacidad intelectual de todos los exiliados o refugiados que emigran a EUA  especialmente los Cubanos, cuando digo capacidad intelectual con esto quiero hacer notar que ningún gobierno por muy represivo que sea persigue a inofensivos ciudadanos aunque estos no comulguen con su régimen o sistema, esto sencillamente, porque un analfabeto o semianalfabeto no representa ningún obstáculo para ningún gobierno,  tanto así, que para  que cierta persona pueda hacerle daño a un gobierno o representar un peligro a dicho gobierno este tiene que ser intelectual o estar organizado y por lo menos tener poder dirigente, por eso digo que de todos los exiliados que tiene EUA  especialmente los cubanos quizás un 5%, son en verdad exiliados políticos, cuando digo que EUA es culpable de los exiliados económicos lo digo porque con su actitud de abrirle los brazos, participar en los conflictos hace que ciudadanos con deseo de superación económica aprovechen la oportunidad para entrar y tratar de  entrar a este país donde hay oportunidades de empleos para aquel que esté físicamente saludable sin tener que pensar en que no es profesional.

El caso es tal que hasta los profesionales se hacen pasar por perseguidos políticos por falta de oportunidades en sus países natales, esto creo ya lo saben de sobra las autoridades de este país, pero se da el caso como ya dije que ellos mismos se les hace imposible, impedirlo porque sencillamente hay poderes que lo impiden y lo impiden no  porque estén interesados en beneficiar a esos descarriados de la fortuna o del pan, sino porque a ellos este problema les beneficia política y económicamente.

Económicamente porque con esos inmigrantes obtienen manos de obra barata, tan barata que pueden pagar a dos de esos empleados con el mismo sueldo que le pagarían a un ciudadano Americano o mejor dicho a un nacional estadounidense, además, del rendimiento que dan estos inmigrantes por ignorar los derechos que les dan las leyes laborales de este país, pues casi siempre estas personas son empleadas para hacer un trabajo, pero después se les fuerza para hacer dos o tres más por el mismo salario aunque estos trabajos tengan distintos precios en manos de un nacional estadounidense, estos inmigrantes son personas sumisas, es decir que soportan cualquier humillación por no perder su empleo, cosa que no sucedería con un nacional estadounidense, ya que estos saben cuándo se le están violando sus derechos, además de que hablan bien el idioma y por tanto se pueden defender.

El beneficio que dejan estos inmigrantes no sólo alcanza a los empresarios sino también al gobierno porque una gran mayoría de estos son indocumentados y por tal situación estos no reciben ningún reembolso de los impuestos que pagan, además de que tampoco reciben ninguna ayuda pública por el mismo motivo, pero la imposibilidad de las autoridades de impedir el éxodo de indocumentados a los EUA, y la legalización de los que ya están dentro, se debe a que  aquí en este país los políticos han  visto un terreno fértil para realizar sus campanas proselitista con demagogia barata, digo esto porque cada vez que aquí alguien se postula para algo desde presidente, senador, alcalde, hasta concejal y quien sabe quiénes más usan el problema de los millones de indocumentados como plataforma política con la cual tratan de captar el voto de la comunidad inmigrante, pues eso sólo se queda en esperanza y ya ni en eso, pues son muchos los que creen en esas falsas promesas de tanto ofrecer y no cumplir, ya el pueblo o sea la comunidad inmigrante sabe que esto es demagogia en perjuicio de su raza, prueba de esto es, que pasado el periodo eleccionario las autoridades inmigratorias son las únicas que siguen cumpliendo sus objetivos capturando y deportando indocumentados mientras da rabia ver a líderes de la  comunidad aprovechando la situación para favorecerse con el voto de los que creen en sus falsas promesas.

## *Abuso y Burla de EE.UU. Contra Nuestros Países Latinoamericanos*

Eso y no otra cosa es lo que lleva a cabo EUA en todos nuestros países cuando haciendo uso de su imperio económico, político y militar nos impone su voluntad. EUA haciendo uso de esa fuerza o poder que ya mencione nos saquea y nos esclaviza. Digo esto porque nuestros países tienen que vender sus productos a EUA que es el mayor comprador si es que le conviene, pero al precio que ellos quieran y no al que quisieran vender esos países productores. Si a uno de esos gobiernos se le ocurre vender sus productos a otros países, y a EUA le interesa dicho producto, este gobierno es acusado de comunista y derrocado por la CIA y el Pentágono.

EUA abusa y se burla de nuestros países cuando nos vende sus productos caros y obsoletos y si por casualidad a un país se le ocurre comprar ese producto a otro país que se lo venda más barato como como ya dije, ese gobierno es acusado de algún delito y derrocado por la CIA y el Pentágono.

Igual sucede sí uno de nuestros países desea o trata de formar relaciones con otros países que no sea de la conveniencia de EUA ese gobierno es derrocado y puesto en su lugar a un general o un civil, pero tanto el uno como el otro no son más que títeres de ellos, puestos por ellos y dirigido por ellos.  La burla y el abuso es tanto que sin temor a equivocarme, puedo decir que ellos son el mando detrás del trono, ellos dictan pautas a esos gobiernos, le mandan a nombrar a la persona que ellos creen de su confianza, mandan a cancelar lo que ellos no le inspira confianza.  Todo esto lo hacen por medio de su centro de espionaje o como se les quiera llamar a  las embajadas que ellos tienen en cada país.  Esos embajadores son los verdaderos presidentes en esos países con los que ellos tienen relaciones.  La burla es tan grande que esas embajadas son las que le informan a la  Casa Blanca cual es el partido o el hombre de confianza para que se le entregue el poder por la llamada vía democrática o por elecciones libres como le llaman ellos, pero esa no tienen nada de democrática ni de libre, esa sólo es una máscara que usan ellos en algunos casos para engañar al pueblo valiéndose de los vende patria sin honor ni dignidad que hay en casi todos nuestros países que con tal de hacerse rico y ocupar un lugar en la historia no les importa masacrar a sus pueblos y vender sus conciencias al diablo.

Hay que estar bien claro en que a la historia tanto van los buenos como los malos y volviendo al abuso que comete EUA contra nuestros países, también quiero mencionar como nos tratan cuando en busca del pan que ellos nos han arrebatado llegamos a su tierra.  Aquí en su país nos discriminan aprovechándose de nuestra necesidad o nuestra hambre provocada por ellos mismo y los vende patria oportunistas que ejercen la ciencia de la política en nuestros países.

Aquí en su tierra nos pagan barato por nuestra fuerza de trabajo, nos deportan sin tomar en cuenta el sentimiento humano el que ellos se jactan tanto de defender.  En nuestros mismos países cuando vamos a solicitar una visa para emigrar a EUA nos ponen tantos obstáculos que nos es imposible adquirir nuestro objetivo y vencer los obstáculos. Nos humillan tanto que hasta nos hacen preguntas fuera de lo normal y fuera de la ley. Si una persona está solicitando visa por medio de su esposa esto han llegado a preguntarle al solicitante donde pasaron la luna de miel y hasta como eran los pantaloncillos del esposo y los panties de la esposa. También le han preguntado qué fue lo primero que le hizo cuando le iba hacer el amor, aunque parezca increíble es verdad.

Sólo habría que hacer una estadística o encuesta entre todos los que han solicitado visa para viajar a EUA  y estoy seguro que suman cientos los casos lo que le ha sucedido esto y cuando usted por casualidad ha podido obtener todo lo que  ellos le exigen se han dado ciento de casos donde ellos sin ningún respeto le dicen al  solicitante que sus papeles están todos en orden pero no podemos visitarlo, así sin más explicaciones, pero el peor de los abusos es cuando el señor Cónsul le dice en la cara del solicitante que su persona no es grata para viajar a EUA  mientras que ellos entran y salen de nuestros países como perro por su casa, sólo porque son norteamericanos y porque ellos son los que mandan en nuestros países. Estoy seguro de que todo el que lea está página, dirá que el autor debe odiar a EUA porque siempre que habla lo está criticando, pero si lo piensa así señor lector le diré que está equivocado pero da el caso que como ya dije antes por desgracia nosotros estamos bajo la influencia de EUA y no de Rusia, China o Gran Bretaña y por lo tanto la actuación de EUA es la que nos afecta favorable o negativamente. Y si no menciono las cosas positivas de EUA en favor de nuestros países es porque no las hay. EUA sólo lucha y busca el bien de sus intereses sin importar el daño que le haga a los demás. Creo que eso lo saben todos nuestros países, eso sólo no lo ven los títeres vende patria que hay en nuestros pueblos que con tal de enriquecerse no les importa perder su dignidad y aparecer ante el pueblo y el mundo como un vende patria.

Pero la peor burla de EUA contra nuestros países esta cuando le prohíbe tener relaciones con quién ellos quieran, mientras que EUA tiene relaciones diplomáticas y comerciales con todos los países del mundo. Y si hay algún país con el que ellos no tengan relaciones debe ser algún país al que ellos como gendarme están castigando por alguna desobediencia a su mandato, pero no por ideología política o religiosa, pues si no me equivoco creo que Rusia y China son las madres de la ideología comunista y que yo sepa no he sabido que no tengan relaciones con uno de esos países. Ahora yo me pregunto ¿qué sucedería si uno de nuestros países decidiera tener relaciones con China o Rusia o un país que no sea de la conveniencia de EUA? Estoy seguro que muy pronto aparecerá su gobierno en la lista de gobierno comunista o izquierdista. Caso como el de Cuba, Nicaragua y otros que no vale la pena mencionar.

Y no me vayan a decir que si esos países no tienen relaciones con quién ellos quieran es porque esos países no lo han querido, sino que los gobiernos de esos países prefieren seguir gobernando aunque le llamen títeres que a ser derrocados. Pues eso y no otra cosa sería lo que le sucedería al que desobedezca la voluntad del padrino del Norte. A un padrino que se le puede aplicar un refrán que dice.

"Si así eres como amigo, prefiero tenerte como enemigo"

En verdad creo que se gana más. Pues como prueba de eso tenemos el caso de República Dominicana, cuando en 1962 fecha en que se eligió un gobierno democrático como lo llama EUA a lo que son elegidos por el pueblo en elecciones libres o llamadas libres. Pero qué pasó, pues parece que EUA no pudo espiar la mentalidad de Juan Bosch que fue el hombre que ganó las elecciones. Así que ese hombre trató de luchar por desarrollar su país para que el pueblo viviera mejor, de ahí que ese hombre trató de vender la mayor fuente de producción a otros países que se la pagaran mejor "el azúcar".

Así como EU no pudo darse cuenta de la mentalidad de ese patriota como muy pocos los hay, así este patriota, a este nacionalista se le olvido cual es la ley de imperialismo yanqui y cuando menos se esperó comenzaron a oírse a los grupos antinacionalistas acusar al gobierno de que estaba virando a la izquierda y acusándolo de corrupción en la Administración Publica sólo cuando el gobierno tenía siete meses en el poder.

Así que en el 1963 a sólo siete meses en el poder, como ya dije antes, un 27 de septiembre el pueblo que se había dado un gobierno, ya amanecía sin su gobierno y en cambio con una dictadura o un títere que obedecía las órdenes del Pentágono y la Casa Blanca en Washington. A partir de esa fecha EU volvió a recibir el mayor producto dominicano al mismo precio como se lo había comprado a la dictadura trujillista durante 31 largos años, pero la burla de la que hablo en este sentido se manifiesta en lo que está pasando ahora en 1986, cuando EU ha encontrado sustituto en su propio país para no prescindir del azúcar importada. Todo está bien hasta ahí. Pero qué podemos decir de la República Dominicana que dejó de vender su producción a otros que pudieran pagársela mejor para regalársela a EU porque era su aliado comercial, además de eso estamos pidiendo a gritos que se nos aumente la cuota azucarera, pero como EU pone oídos sordo porque eso a  ellos no les perjudica y no les interesa.

¿Se puede pedir más burla y abuso que esa?

Igualmente sucede en Centroamérica, como ejemplo tenemos el caso de Nicaragua.  País que está en guerra contra E.U. pero naturalmente que se ha escudado en el pequeño residuo de la guardia somocista y los vende patria qué ejercen la ciencia de la política como medio profesional. En El Salvador, Honduras y Costa Rica además de otros que da pena mencionar, en esos países también se burla EU Se burla en Nicaragua porque después de imponer una dictadura por 50 años  de la familia Somoza, ahora trata de destruir la  revolución que ese pueblo se dio a costa de mucha sangre.  Se burla de Honduras y de los demás países al ponerlo en contra de sus hermanos de sangre, de idioma y hermanos en la pobreza como pueblo oprimido por el imperialismo yanqui.

Creo que  son muchas las cosas que debieran mantenernos unidos y no obedecer al llamado del mal y ponernos contra nuestra propia idiosincrasia como pueblo de raza  y habla hispana, para ponernos en manos de alguien que sólo busca en nosotros esclavizarnos, que para eso trata de mantenernos desunidos, enemistados y en guerra.  Para  así ellos poder seguir haciendo lo que  están haciendo hasta ahora. Empobrecido nuestros pueblos por medio de embargo, por la venta de armamento obsoleto con precios sobrecargados como el caso de Honduras,  un país de los más pobres en el hemisferio.  Pero todavía hay más burla en este país, esa burla se manifiesta en que EU le da  armas a los somocistas y a los hondureños.  A los somocistas para que se maten luchando contra sus hermanos nicaragüenses y a los Hondureños para que defiendan la soberanía estadounidense, que está en todas partes, es decir que EU  defiende su soberanía en Asia, Europa, en el Medio Oriente, en Centroamérica y en el espacio exterior.

¡Qué país tan grande!  Parece que EU  se cree dueño del planeta tierra, pues siempre está defendiendo su soberanía en todas partes del mundo y viendo en cada hecho político una amenaza a su soberanía,  pero sólo los casos políticos porque los sociales como el de Sudáfrica no son un peligro ni el de la deuda externa.

Ni el hambre en América Latina es un peligro para su soberanía, EU  no lo ve porque esa es una situación que a ellos le conviene para que  así sigamos siendo esclavos y dependientes de ellos, pues  así nunca nos podremos liberar porque nos sentiremos muy independientes de ellos como ya dije.

Qué cree usted de esto, ¿no le parece que es una burla? Creo que sí.

## *Creencia de E.U.*

Estados Unidos se cree con poder para dar órdenes a otros países libres y soberanos.

Una prueba más de esto quedó comprobado el día 15 de enero del 1987 cuando el presidente de Ecuador, León Febres Cordero fue hecho prisionero o secuestrado por un grupo de militares disgustados con el presidente Cordero, por el arresto del general Vargas Passos, pues como ya dije en esa fecha el 15 de Enero del 1987, después del arresto de León Febres Cordero, casi todos los países del mundo como es natural en caso como este deploraron y condenaron el hecho, pero el gobierno de EU hizo la excepción. Este gendarme le exige a los militares que secuestraron a Febres Cordero, su inmediata puesta en libertad creo que es bien sabido que la exigencia es un ultimátum y que el que da ultimátum es alguien que se cree con derecho o poder para imponer su voluntad y que yo sepa no creo que EU tenga derecho para ordenar o exigir.

Creo que su deber debió haberse limitado a hacer lo que hicieron los demás países del mundo, a condenar y deplorar el hecho, pues hasta creo que esos demás países tenían más calidad moral para exigir y no lo hicieron, pues no debemos olvidar que si EU hoy deplora el secuestro de Febres Cordero fue porque no estuvo dirigido por ellos. Cuando digo ellos me estoy refiriendo a la CIA, el Pentágono y la Casa Blanca, pues como todos sabemos históricamente EU usa cualquier método para quitar y poner gobierno en el continente y quién sabe si en otra parte del mundo porque la creencia de EU  han ido tan lejos, hasta creerse dueño del planeta tierra y el espacio exterior porque su límite, su soberanía están en todas partes.  Yo creo, que fuera bueno que los políticos especialmente los de este continente se vistieran de dignidad para que se den a respetar y den a respetar a sus pueblos de los abusos y burlas que ejerce este país contra nuestros países.  Si hago esta crítica no es porque apoye o esté de acuerdo con este hecho, es decir, el del presidente del Ecuador, no, eso no, yo también lo repudio pues creo que deben respetarse las leyes y el poder civil o la voluntad del pueblo, pero de ahí a exigir, creo que hay un largo trecho.

Pues creo que ese derecho está reservado para los ecuatorianos, en ese caso, y no para ningún extraño y mucho menos para alguien que no tiene calidad moral, como es el caso de EU  y especialmente el Presidente Reagan, un señor que dice una cosa y hace lo contrario pues es bueno no olvidar que  Reagan es el luchador contra el  terrorismo por un lado según él.  Pero mientras que,  por el otro lo patrocina, lo dirige y lo ejecuta.  Creo que  las declaraciones de Reagan al respecto, lo que hicieron fue un daño al pueblo ecuatoriano, pues con esas exigencias quedó demostrado que  en Ecuador mandan otros que no son los ecuatorianos, otros que  parecen tener la última palabra, alguien que  tiene derecho a exigir y que  no es ecuatoriano.  Algo parecido a esto oí en enero de 1987 en un noticiero donde un representante del gobierno norteamericano decía que  EU  le preocupaba la situación de Centro América  porque, si Panamá o México, son afectados eso pondría en peligro la soberanía de EU  A mí forma de ver las cosas creo que hasta la palabra preocupación todo iba bien, pero cuando se habla de que si Panamá o México, son afectados eso pondría en peligro la soberanía de EU  Creo que ahí entró la intervención en los asuntos internos de otros países, pues no creo que a ningún país le debe poner en peligro la soberanía.

Lo que sucede en otro país, pues con estas declaraciones habría que pensar que EU  cuida, vigila y defiende a Panamá y México, cosa que yo creo que no debe gustarle ni a los panameños ni a los mejicanos, creo que  a ellos les gustaría defenderse por ellos mismos pero, eso no coge a nadie de sorpresa, pues como ya sabemos, EU  está defendiendo su soberanía en El Salvador,  en Honduras y en Nicaragua contra Nicaragua. Ahora  sólo habría que esperar a ver que método usará EU  para defender su soberanía  si esto que hoy sucede en El Salvador y Nicaragua, algún día sucediera en Panamá o en Méjico.

Creo que especialmente Méjico tiene que estar bien alerta, pues creo que si este  fuera el caso la llamada frontera que hoy existe entre EU  y Méjico desaparecerá por el  rugir del miedo del poderoso dragón del Norte, que sintiéndose amenazado sacaría toda su cabeza para ir a vencer al vencido, por tanto hago un llamado a los que se creen libres para que liberen su pueblo, para que  guíen a sus pueblo como el buen pastor  pastorea a sus ovejas y que no se dejen pastorear por el pastoreador de intereses que nada tiene que ver con lo que sucede a nuestros países Latinoamericanos.

# *El árbol se conoce por su fruto*

Usando palabras bíblicas cuando dice "Por su fruto lo conoceréis" creo  que este dicho dice mucha verdad, por tanto no creo que haya nada más asertivo que el presidente Reagan para ejemplarizar este  proverbio,  si es que se puede decir así.  Digo esto porque desde que el presidente Reagan subió al poder en 1981, por primera vez he seguido sus actuaciones paso a paso y he llegado a la conclusión de que el árbol que nace torcido no se endereza y que  auyama no pare calabaza, este es un refrán dominicano.  Creo que si analizamos bien las actuaciones de Reagan desde que llegó al poder, creo que todos llegaremos a la conclusión de que ese señor ha hecho honor a su profesión como un gran actor.

Digo esto porque creo que no hay que hacer un gran análisis para ver que eso y no otra cosa es lo que ha hecho por su paso por la presidencia.  Yo digo que aunque hay muchos que  lo culpan de sus actuaciones yo diría que  él no está sólo, culpable también lo es en parte el pueblo Norteamericano. Digo esto porque es bien sabido que cuando un niño nace y se quiere saber cuál es su gusto, afición e inclinación, a este niño sólo hay que buscarle varios juguetes y de seguro que al que este le ponga más atención  este es su favorito.  Por tanto, es que  digo que no sólo él, "Reagan", es el culpable de lo que hoy vive EU  y el mundo, sino que también el pueblo que lo eligió le toca su parte.  La culpabilidad de Reagan está en que él debió haber tenido más respeto por su pueblo y que en vez de haber aspirado a  la presidencia de esta gran nación, debió haber seguido entreteniendo al pueblo y quizás al mundo con sus películas, pero nunca debió ejercer esa profesión desde una posición tan importante y tan delicada como es la dirección de un pueblo todavía más delicado tratándose de EU  de Norteamérica.

Esto señor lector, no debe tomarlo como un insulto al presidente, pues usted puede ser uno de los que simpatiza con sus actuaciones, permítame decirle que como usted tiene el libre derecho de simpatizar con él y sus actuaciones, creo que yo también tengo el derecho de discrepar de él y sus actuaciones.  Puede ser que el señor lector no crea que el señor presidente esté haciendo teatro desde la Casa Blanca.  Pero si usted no lo cree  así  yo lo invito a que lea conmigo las actuaciones que le citare a seguida y después usted concluye.

Primero le diré, que creo o parece que el presidente nunca le ha tocado tratar un caso en serio porque siempre que habla lo hace riendo y no me vayan a decir que el presidente Carter no cerraba la boca pues ya sabemos que eso no era hipocresía sino manía.  Ahora qué me puede decir de su demagogia política, cuando nombra a político de la minoría en cargo administrativo,  pero sólo como demagogia porque es bien sabido que este señor no es amigo de los negros ni de los hispanos y mucho menos de los pobres.

Caso contra los pobres se puede decir,  el de los recortes de los programas de estampillas de alimentos, medicare y medicaid, recorte o eliminación de programas para la educación y otros.

Otra actuación, está  la más importante son en su política en busca de paz, o mejor dicho en su forma de buscar la paz y en la relaciones internacionales

Ahora hablamos de su singular forma de buscar la paz, según él, la paz.

La  mejor forma de alcanzarla es por la fuerza o la demostración de fuerza, por eso es que en esté gobierno se puede decir se ha fabricado más armas que en todos los gobiernos anteriores y, que me pueden decir de su actuación hacía a relaciones internacionales, como por ejemplo; cuando dice que le declara la guerra al terrorismo, pero lo patrocina y lo ejecuta por otro lado.  Caso como el del ataque a libia,  el secuestro de un avión en pleno vuelo, el caso de los contras guerrilleros contra Nicaragua, caso este que se le puede llamar único, pues creo que si no me equivoco que, caso como este son muchos los que se ha dado en toda la historia,  pero con la diferencia que los que apoyan o dirigen actos como estos lo niegan, porque son ridículos, antihumanos e ilegales,  pues violan todo los principios, pactos y leyes internacionales.  Pero el presidente Reagan sin  el menor descaro  y cinismo se declara públicamente apoyando una guerrilla contra un país que se supone es libre, y soberano, con libre determinación como la tiene EU   y ¿qué me puede decir de minado de puerto de corinto en Nicaragua?

¿Es esto terrorismo o qué?  Y qué me puede decir de la invasión a 300 km como lo es la isla Granada que debiera darle vergüenza que  la mayor gran potencia del mundo como se llaman ellos, invadan un pedazo de tierra tan pequeño que si fuera EU  fuera un gigante humano, al poner un pie le quedaría parte del pie afuera.

Esto sólo es una pequeña parte entre otros tantos iguales o, peor.

Pero hay algo que no entiendo y me gustaría saber.  A qué le llama EU  democracia, libertad y paz?  Pues hay que ver como  EU  viola todos los principios que dice defender.

Pues fíjese bien con que descaro interviene EU  en nuestros países.  Como ya dije antes en EU  descaradamente apoya a mercenarios y terroristas contra un estado libre y soberano.  EU  dice públicamente que  no permitirá que Nicaragua caiga en manos del comunismo como cayó Cuba.  Estos son los hechos que me hacen preguntar a qué  se llama EU  democracia, libertad y paz.  ¿Cree usted que  se le puede llamar democracia o tener libertad donde se le quiere obligar a las personas a pensar y actuar como lo quiere EU?  Cree usted qué  se le puede llamar libertad donde se le prohíbe al periodista a  entrar a su territorio sólo porque piensa distinto a como EU  ¿Qué quiere que se piense?

Pues ahí tiene el caso de Patricia Lara en Octubre de 1986 y el otro caso de otra periodista también Colombiana y también en Octubre de 1986. Dos casos en un sólo mes,  así de casos como esos son muchos los que se dan. Sólo que la mayoría de esos de dan en nuestros países, ahí también se da el caso de personas no grata,

Pero si esto lo hace algún gobierno que  no sea títere de ellos, entonces este está violando los derechos humanos, civiles y las libertades públicas.

En tres palabras: "no hay democracia".

# *Situación política latinoamericana*

En 1985 la situación política de nuestros países es vergonzante, digo vergonzante porque ya todos sabemos cuál es la forma como son gobernados nuestros países. Es decir que la mayoría de nuestros gobiernos son títeres surgidos de golpes de estados o de elecciones llamadas libres, pero son amañadas. Gobiernos impuestos por el Pentágono o señalados por la Casa Blanca. Gobiernos esos que no son los gobiernos representantes del pueblo, sino, representantes de los intereses de los Estados Unidos, que para eso los han elegido o les van a permitir gobernar y enriquecerse a costa del sacrificio del pueblo. Estos gobiernos suelen perpetuarse en el poder por largo tiempo, sólo son sustituidos por Estados Unidos cuando ven ponerse en peligro sus intereses, entonces ellos mismos llaman a esos gobiernos y le aconsejan para que celebren elecciones antes de que el pueblo tome el poder por su propia cuenta.

Estos lo hacen ellos porque ya han subestimado al pueblo y vieron que no aguantan más porque sabiendo que si el pueblo toma el poder por su cuenta no están respaldados sus monopolios, sus intereses en general. Entre ellos, las ventas de sus obsoletos armamentos que le costaron millones de dólares y que perder uno de esos mercados representa la pérdida de una entrada millonaria y un punto de explotación.

Caso como este en donde estados unidos ha hecho creer que ha presionado a esos dictadores para que celebren elecciones o entreguen el poder han sido por ejemplo: La Filipina y Haití, sólo para mencionar algunos, pero eso no lo hacen ellos porque hayan querido defender al pueblo, sino como ya dije antes, actúan antes de que el pueblo tome el control del país. En otro caso cuando el pueblo se ha levantado sin darle tiempo a su espionaje para subestimar, entonces, han tenido que usar sus últimos recursos y el más perjudicial, pues tienen que valerse de distintas maniobras y trucos para engañar al pueblo y dejar conforme a la opinión pública internacional. Ese último recurso es la intervención directa la que a veces le cuesta muchos gastos, prestigio, algunas armas y las pérdidas de vidas humanas.

Pero todo esto es poco si se trata de la pérdida de uno de sus mercados, que son los que les compran caros sus desechos y le venden baratos sus productos. Como ya dije, la mayoría de esos gobiernos son una vergüenza porque tienen menos autoridad que un gobernador de un estado de la Unión Norteamericana. Pero toda la culpa no recae en Estados Unidos, sino también sobre nuestros dirigentes que en vez de defender a su pueblo, se ponen al servicio de intereses extraños y no a lo que debieron de defender.

A esos malos compañeros, a esos malos hermanos, a esos malos ciudadanos, sólo les interesa acumular una inmensa fortuna robada al pueblo que sufre por la opresión desmedida impuesta por los Estados Unidos, pero apoyada por esos títeres sin honor, pero con mucha ambición. Caso como este puedo mencionar algunos para refrescar las memorias, por ejemplo: Jean-Claude Duvalier en Haití, Anastasio Somoza en Nicaragua, el General Marcos en las Filipinas y otros más que  no recuerdo mencionar, pero que dan asco sus actos.

Ya sabemos que cada vez que los Estados Unidos apoya un gobierno es porque es un títere que garantiza sus intereses. Cuando usted oye a Estados Unidos enfilando sus críticas y sus cañones contra algún pueblo es  porque este gobierno no se ha plegado a sus desmanes sino que  ha querido ponerse de parte de su pueblo.  Creo que si los pueblos fueran lo suficientemente inteligentes deberían apoyar sin reservas a  esos gobiernos porque esos son los verdaderos defensores y rechazar a esos gobiernos que antes de ser elegidos en esas  fraudulentas elecciones tienen que visitar primero a los mandatarios norteamericanos para que  estos les den el visto bueno.  También tienen que congraciarse con la embajada Norteamericana acreditada en sus respectivos países para que  esta de un buen informe a  la casa Blanca en Washington en la que haga patente que ese futuro presidente será un fiel representante de sus intereses.  Así  ha sido por largos años y seguirá siendo hasta que  los pueblos sepan que  los amigos de EU  y Estados Unidos son sus peores enemigos.  Ellos son los que nos chupan la sangre, son tan culpables los títeres como lo es  Estados Unidos.


Nosotros somos y seguiremos siendo los perdedores,  a menos que  la política de los Estado Unidos de un giro de 180 grados para que recuperen en los pueblos la credibilidad perdida que  siempre debió tener ante sus hermanos continentales, y no colonizarnos como siempre lo han hecho, desde que ayudado con nuestros recursos se convirtió en potencia.  Ojala que ese cambio se produzca cuanto antes, pues el mundo y especialmente nuestros pueblos están despertando de esa pesadilla de engaño que  arrastramos ya por siglos,  pero para eso se necesita que  surjan gobernantes  regenerados.  Gobiernos que  no crean que  la  guerra sea mejor que la paz,  Gobiernos que  crean que ellos gobiernan a su país y no al continente. Gobiernos que crean que  se debe compartir el pan con los demás pueblos hermanos y no quitárselos,  gobiernos que respeten la autodeterminación de los pueblos y no tratar de imponer por la fuerza sus ideas,  Gobiernos que nos compren nuestros productos y nos vendan los suyos sin ventajas y sin desventajas.  Sólo cuando eso suceda se podrá creer en los Estados Unidos y en los amigos de estos. Hasta ahora, tanto uno como los otros son los enemigos comunes de nuestros pueblos.

# *Ayuda que desayuda*

Todos nuestros gobiernos piden ayuda económica a EU, también ellos dicen que  ayudan a nuestros países, pero los pueblos,  la mayoría de los pueblos saben que esas ayudas los desayudan.  Nuestros países están tan endeudados que ya tienen que pedir préstamos para pagar los intereses de esa gran deuda.  Ahora  yo me pregunto,  ¿qué forma de pagar o querer pagar es está?

Creo que estamos vendiendo nuestra soberanía económica aunque  es bien sabido que no la tenemos ni política ni económica, porque desgraciadamente somos considerados como colonia de los EU  y gobernados por títeres que  responden a  intereses externos ya conocidos.  Por eso creo que vamos dando paso a dramatizar aquella adivinanza que dice:

"¿Qué es lo que mientras más se saca más grande se pone?"

Por si usted no lo sabe, ese es el hoyo.  Es decir, cuando usted comienza a  cavar un hoyo mientras más tierra le saca más grande se pone,  igual sucede con nuestra deuda externa que  mientras más pagamos más grande se pone, porque sencillamente cogemos más prestado para pagar la deuda. Ahora si alguien cree que  así se puede salir de una deuda que  me lo explique, porque yo no veo la forma, porque como es bien sabido esos préstamos llevan sus correspondientes intereses lo que  hace esa deuda más voluminosa en vez de disminuirla.


Todos nuestros pueblos saben que  nos estamos hundiendo cada día más, pero no tienen poder para evitarlo. También saben que EU, les hace creer a los pueblos que  él está de su parte, pero siempre está en contra.  En contra cuando no los ayuda y más en contra cuando los ayuda. Fíjese bien como nunca ganamos, pues EU  está siempre en contra de nuestros países.  Oyendo esto usted dirá que es un disparate, o un deseo de criticar, pero si  lo piensa un poco verás que sí tengo la razón y ahora se lo voy a explicar. Bien, cuando usted necesita ayuda y no se la  dan usted no ha sido ayudado, pero cuando usted recibe una ayuda que lo que hace es desayudarlo, perjudicar, hundirlo más tampoco eso se llama ayuda, eso es lo que hace EU  cuando ayuda a nuestros pueblos, con préstamos que después esos países no pueden ni siquiera pagar los intereses pues estos préstamos son recibidos la mayoría en obsoletos armamentos sobrecargado, tan sobrecargados que  tan sólo pagando los intereses ya quedarían pagos y cuando reciben cierta ayuda no pasan de 30 a 40 millones que ya se los han sacado a esos países por algún concepto o se lo piensan sacar, pues ellos tienen su finanza muy bien fiscalizada para no perder aunque digan que  están regalando, ellos hacen como el  comerciante que  dice, si compra esto le regalamos tal cosa y a  veces en el primer artículo les cobran el susodicho regalo. artículos rebajados o a  mitad de precio, artículo vendido pero a veces o siempre ese debió ser su verdadero precio, o si no fue que con el artículo vendido anterior ya sacaron su capital y abundante ganancia y  tener ese artículo en los mostradores le ocupa espacio para otros artículos que le darán mayores ganancias.  Pues como es natural lo correcto esta salir de ellos,  y lo mejor es ofrecerlo a bajo precio, eso y no otra cosa es la ayuda de EU  a todos nuestros países. Pero  eso no es todo, porque lo peor de eso es que la mayoría de esos préstamos ellos se los hacen a esos países para cobrarlos por medio de un intercambio, cosa que esos países ignorando la segunda intención que hay detrás de eso se creen ayudados y hasta alaban la ayuda, ignorando que en ese intercambio es donde ellos llevan la de ganar porque sencillamente les venden caro y les compran barato.

Qué forma de ayudar y de recibir ayuda!  Como se desarrollarán nuestros países?  No,  así no, se dice que nuestros países están en subdesarrollo o en vía de desarrollo, pero yo creo que  muy pronto habrá que decir que nuestros países están arrollados.

# La democracia esta disfuncional

La democracia sólo funciona para aquellos políticos que usan la ciencia de la política como modos vivendi  o como un nodo de hacer fortuna.  Oyendo esto a  primera vista el lector creerá que el  autor de estas líneas es comunista o simpatizante del mismo; pero si lo piensa así está equivocado.

Primero, no conozco el comunismo ni literalmente, pero analizando a la democracia he llegado a  la conclusión de que es disfuncional por tanto estoy de parte de los gobiernos parlamentarios.  Ahora le diré cuáles son las fallas que  diferencian al uno del otro.  Primero analizaré la democracia.

Como todos sabemos la democracia es ese régimen político donde el pueblo ejerce la soberanía, doctrina política que favorece la participación del pueblo en el gobierno. Pero es bien sabido que la participación del pueblo en la democracia es muy limitada, tan limitada que sólo llega hasta donde le interesa a los que  usan la  política como un modo profesional, económico o con una forma de darse a conocer, hacerse importante y quizás hasta pasar a  la historia, para eso tiene valor la democracia, para eso es buena la democracia por eso la defienden y tiene razón al hacerlo. Porque eso sería lo que haría cualquier negociante si ve que su negocio va a fracasar por falta de iniciativa u orientación.

La democracia y la participación del pueblo en ella sólo llegan hasta el día de las elecciones en la cual participa el pueblo engañado por la demagogia que hacen los políticos profesionales para mantenerse en el poder o para llegar a él. Después que pasa ese proceso del cual el político profesional necesita la participación del pueblo, esos mismos políticos se olvidan de su demagogia, de su falsa promesa y desoyen el llamado, los pedidos y el grito del  pueblo que los llevó hasta esa posición y en cambio como pagó por su participación en el proceso, lo que le dan es desatención total en todos los bienes de servicio  incluyendo educación, salud  entre otros.

La democracia sirve a  los políticos profesionales que la ejercen para hacerse ricos, darse a conocer y quizás pasar a la historia.  La democracia sirve a  los políticos para explotar al pueblo por eso es que en los países que se ejerce la democracia hay tantos partidos políticos, pues la política es la mejor empresa para hacer fortuna en nuestros países latinoamericanos particularmente.

 El partido que alcanza el poder en esa llamada elecciones libres esos ganadores son los que  van a  ocupar las posiciones claves en ese gobierno.

Cuando hablo de posiciones claves me estoy refiriendo a los ministros que componen un gabinete gubernativo, aquellos que son elegidos por decreto, por simpatía, por conveniencia o compromiso.  Cuando  hablo de simpatía y conveniencia me estoy refiriendo a aquellos con los cuales el gobierno sabe que le van a ser fiel a  su gobierno, aquellos que harán la voluntad de su jefe incondicionalmente.

Estos gobiernos llamados democráticos pocas veces pueden ser reelegidos en el poder porque el pueblo deseoso de un cambio ya no lo soporta más, entonces el termómetro de Estado Unidos opta por darle un calmante al pueblo que pide cambio dándole un cambio de nombre y de cara porque la  administración será la misma o peor, para eso sirve la democracia, es decir para los políticos profesionales y para EU  que por ese medio para cada 4 años poder sacar a cualquier patriota que se le haya colado porque a EU  lo que interesa es mantener por medio a la democracia al pueblo calmado mientras ellos tienen garantizados sus intereses.

EU  sabe que los que  protestan en los pueblos son los grupos políticos o con ambiciones de poder, ambición a hacerse de una fortuna pues es bien sabido que no hay mejor profesión que la política  para hacer fortuna particularmente cuando está dirigida por políticos profesionales y donde funciona el sistema llamado democrático.  Para probar esto sólo habría que ver la cantidad de dinero que  invierte un aspirante a  la presidencia de la  república de su recurso propio aparte de aquel dinero que  este recibe como apoyo a sus aspiraciones, dinero que sabemos que ese aspirante no podría recuperar por vía de su sueldo.

Creo que todos sabemos que  cuando alguien invierte es con el propósito de obtener ganancias y no me vayan a decir que gastan sus propios recursos por ayudar al pueblo, por darse a conocer, o por pasar a la historia pues creo que hay muchos otros medios de ayudar al pueblo, de darse a conocer y de pasar a  la historia.  Por esos motivos que ya mencione es que en los gobiernos llamados democráticos hay tantos desfalcos de erario público.  Recuerde que antes le hable de aquellos ministros de compromiso que tienen los gobiernos democráticos como se llaman ellos.  Ministro de compromiso, repito son aquellos que ayudaron en su campaña electoral al aspirante a la presidencia de la  república.  Esa ayuda no fue la simple adhesión sino que esta consistió  en un fuerte apoyo económico.  Como se podrá ver cuando este ministro o funcionario llega a  la posición de administrar una cartera o empresa descentralizada este funcionario tiene que  robar para poder obtener ganancias y recuperar su inversión si se le puede llamar  así a la ayuda que prestó al actual presidente cuando este era aspirante a la presidencia de la república.  Así  que cuando este oye que tal funcionario desfalco la cartera donde funciona tiene que hacerse de la vista gorda pues él sabe que ese funcionario se sacrificó para ayudarlo a llegar al poder y consciente de que este, con su sólo salario no podrá reponer lo que invierte en su ayuda y obtener ganancia tiene que defenderlo y apoyarlo.   Así se reparten los pocos recursos de los países llamados democráticos.

Los políticos profesionales sin importarle el desarrollo ni el bienestar del pueblo, estos bailan al son que le toque la Sinfonía Estadounidense,  sencillamente porque unos buscan hacer fortuna y otros garantizar sus intereses.

Ahora voy a ejemplarizar la democracia con un ejemplo del diario vivir "El Matrimonio" pero un matrimonio incompatible, un matrimonio inseguro, un matrimonio amenazado por un rompimiento, amenazado por un divorcio, un matrimonio  así  no tiene paz porque no hay estabilidad, la esposa no se preocupa ni por la limpieza de la casa, igual le sucede al esposo,  este  se muestra indiferente a sus obligaciones para con su hogar, para con familia porque al no tener estabilidad de siente inseguro por tanto no hace arreglos en la casa, no invierte en su casa porque piensa que mañana ya no serán esposos, mañana ya él no será el  jefe de la familia, el jefe de la casa.

Igual sucede a  los gobiernos democráticos como se hacen llamar ellos, los surgidos de elecciones llamadas libres que sabiendo que sólo gobernarán por 4 años porque el descontento del pueblo no le permitirá seguir en el  poder optan por desfalcar al Estado llevándose  los pocos fondos de que disponen nuestros países para poder desarrollarse,  para eso sirve la democracia.  Eso de que EU  le gusta que en los demás países se gobierne en democracia es muy cuestionable pues eso sólo es un pretexto para poder oponerse  a cualquier gobierno revolucionario que surja, fácil producir cambios de gobiernos en cualquier país que surja alguien que le quiera desobedecer.  Creo que si el lector analiza bien esto verá que tengo razón, pues en nuestro continente ha habido  famosos dictadores que han durado 30 y más años sin que EU  diga esta boca es mía para criticarlo o para propinarle guerrillas contra ellos o por lo menos exigirle aunque sea verbalmente que  se celebren elecciones. Tenemos caso como el de Trujillo en República Dominicana, Anastasio Somoza en Nicaragua, Duvalier en Haití, Fulgencio Batista en Cuba y otros conocidos por todos, pero todavía hay algo más y este un caso especial, el caso de Chile donde en 1973 fue derrocado un gobierno constitucional elegido por el pueblo en unas elecciones libres. Creo si no me equivoco que  ha sido una de las pocas libres que ha habido en el continente.  Digo una de las pocas porque todos sabemos que ese gobierno no era de la simpatía de EU  por eso cuando ese gobierno fue derrocado, ellos apoyaron al usurpador de la voluntad del pueblo  así que habría que preguntarse ¿Qué democracia es la que le gusta a E.U.?  La respuesta es cualquier gobierno que le garantice sus intereses, no importa si es democrático, dictador o fascista siempre que  este le apoye su poder imperial y le sea obediente a su mandato.

En cambio el gobierno parlamentario es por ejemplo como un matrimonio seguro, el  marido de su esposa y la esposa de su marido donde no se habla de divorcio, un matrimonio estable donde el esposo se siente comprometido con su familia. Así  es el presidente de un gobierno parlamentario, este sabe que haciendo bien las cosas podrá permanecer en el poder por largo tiempo. El presidente de un gobierno parlamentario no tiene que hacer demagogia, no tiene que comprometerse con nadie excepto con el pueblo elegido por un grupo de personas interesadas en el desarrollo del pueblo.

Ellos, los gobiernos parlamentarios se sienten seguros de su posición donde no tienen un opositor a sus planes desarrollistas porque ahí se legisla para ayudar al pueblo, no para ayudarse ellos personalmente.  Creo que por eso viven en paz esos países que son gobernados por un parlamento.

## *La Democracia*

La democracia, creo yo, viene siendo un complemento de derechos y libertades.  Entre ellos el respeto a los derechos humanos, la libertad de tránsito y libertad de pensamiento entre otros.  Estos derechos no son respetados en ninguno de los países llamados democráticos o con gobierno democrático.  Digo esto porque ni siquiera en el país anfitrión, el propulsor y defensor según ellos mismos de esos derechos no lo respetan. Con esto me estoy refiriendo al gran país demócrata del mundo que hasta se ha erigido una gran estatua que representa la libertad.  Yo creo que democracia y libertad es lo mismo,  pues no puede haber democracia donde no hay libertad, ni libertad donde no hay democracia.

Como todos sabemos, en todos los países,  especialmente los llamados libres o demócratas o que  dicen mantener democracia para sus ciudadanos, estos principios son violados en nombre de los mismos, tanto por los mismos gobiernos e instituciones como por grupos proscrito que cometen todo acto buscando esos mismos principios, lo que quiere decir que esta libertad tan cacareada en el mundo sólo es una demagogia para engañar a sus ciudadanos y al mundo.  Una prueba de esto es la política de EU  en su mismo país y en los demás países aliados o vecinos, como se puede ver  EU  no respeta estos principios ni en su mismo país, y sí no lo respeta en su país menos lo van a respetar en otros países.

Cuando hablo de otros países al lector esto le parecerá una paradoja, pues usted dirá que nadie puede mandar en casa de su vecino, hasta ahí todo va bien, pero si lo analizamos bien veremos que no es así. En este caso EU sin ningún derecho jurídico interviene en otros países violando la autodeterminación de los pueblos y por ende violando la paz, la libertad de tránsito, la libertad de pensamiento y violando la democracia; pues ya sabemos en qué condiciones es que EU interviene en nuestros países, pues es bien sabido que donde se viola la autodeterminación se están violando los demás principios. El hablar de la violación de estos principios en nuestros países latinoamericanos es algo ya sin valor, digo sin valor porque esta ha sido la norma llevada a cabo en cada uno de esos países en su historia republicana, pero hay un caso digno de observación y de análisis, es el caso de la libertad en EU de Norteamérica. En este país las libertades se observan a media o sea se permiten a media, hasta que el gobierno de turno, el pentágono o el congreso que son los que dirigen la política no lo vean como un obstáculo o amenaza para sus fines imperialistas y expansionistas.

Estas libertades son respetadas limitadamente en otros países y en el mismo EU Creo que el caso que actualmente le sucedió en Octubre de 1986 a la periodista Colombiana Patricia Lara dejan ver bien claro que EU no respeta ninguna libertad, lo que sucede es que en este país EU, se confunde la libertad, es decir se confunde el libertinaje con la libertad. Digo esto porque sólo así se le puede llamar a la libertad que se dice hay, pero a lo que se llama libertad, la verdadera libertad, esa sólo existe a media o cuando conviene. Fíjese bien que EU quiere violar esos principios en su país, apela al método de personas no gratas o que representan un peligro para el país o la soberanía nacional.

Con estos pretextos viola esos mismos principios que dicen defender. Estados Unidos ha prohibido la entrada a su país a una gran cantidad de líderes y personalidades de la política sólo porque teme a que el pueblo Norteamericano que ignora las actuaciones políticas de su dirigentes y sus gobernantes  conozcan de los abusos que EU  comete en nuestros países y si usted no lo cree así, señor lector, yo lo invito a que de ahora en adelante observe las actuaciones fuera y dentro de su propio país.

Norma Santana

# El armamentismo en 1986 como forma de alcanzar la paz

No creo en el armamentismo como forma de alcanzar la paz, en todos los países del mundo se invierte una fuerte suma de presupuesto nacional para la fabricación de armas, uno y otro para la adquisición de estas, motivo que provoca la pérdida de valores económicos para desarrollar a su país o países. Estas armas no son sólo la llamada reglamentaria para mantener el orden público, sino que la inversión alcanza armamentos ofensivos y defensivos motivo que provoca una gran inversión, porque esta tienen y deben ser armas sofisticadas para que puedan competir con su rival. Pues actualmente y desde la década de los cincuenta los conflictos en el mundo se han generalizado, por un lado los conflictos armados y por otro el terrorismo. Tanto uno de estos como el otro son los que han creado desacuerdo y choque en las relaciones internacionales, motivo por el cual los países recurren al armamentismo arguyendo peligro o amenaza contra su soberanía sólo es un ardid de los fabricantes y comerciantes de armas y de intereses creados. Pero sea por lo que sea, esta inversión sume a esos países en la pobreza e inflación por el sencillo motivo de que esos gastos, esa inversión, no son reproductivas por eso están nuestros países hispanoamericanos sumidos en el subdesarrollo y seguiremos así sin verse una solución, porque los motivos que provocan esta fricción siguen en aumento en vez de disminuir, sencillamente porque los intereses creados les conviene que esta se mantenga así. El motivo de este relato sólo es la base de lo que quiero referirme respecto al armamentismo como forma de alcanzar la paz.

Esta palabra ya se ha hecho popular desde el 1980 en que el presidente Reagan llegó al poder. Como todo sabemos Reagan ha hecho del armamentismo su escudo y su bandera, según él, esa es la mejor forma de alcanzar la paz, pero en todo esto hay algo que yo no entiendo y me gustaría saber cuál es la magia que tiene el armamentismo que este pueda producir paz? Pues creo que si por ejemplo mi vecino es mí enemigo y me entero que este ha adquirido una pistola para atacarme creo que mi reacción sería adquirir una para por lo menos así estar de igual a igual, por lo tanto, ignoro totalmente la filosofía de Reagan al respecto y que creyendo incapacitados o imposibilitados para competir en la adquisición tenga que sucumbir o aceptar la condiciones de ellos, pues de no ser así no creo que el armamentismo sea la forma más viable de alcanzar la paz. Al contrario esto creo yo, puede ser un peligro, dígame ¿qué haría usted si su enemigo piensa adquirir un arma para luchar contra usted y lograr su superioridad? Creo yo, o siendo yo, del susto o del miedo me lanzaría sobre él antes de que sea superior a mí. Por tanto considero esto un error no sólo por el gran gasto que ocasiona, sino por el riesgo que esto representa. Ahora voy a exponer mi punto de vista acerca de la paz y de su adquisición. Yo creo que si en verdad se quiere llegar a la paz, o por lo menos tranquilizar al mundo del temor a la guerra, lo que se debe de hacer es una negociación honesta y franca sin ventajas y sin desventajas. No sólo de las potencias y de las grandes potencias, sino de todos los armamentos que actualmente amenazan la humanidad. Estoy seguro que muchos dirán, que no es fácil ese proceso y yo recalco que es de lo más fácil, después que estén dispuestos a liberar al mundo y a la humanidad del peor holocausto que pueda sufrir el mundo.

Si digo que esto se haría muy fácil, es porque sólo habría que formar dos comisiones imparciales con la suficiente calidad moral y que usando la tecnología capacitada y adecuada comiencen a destruir ojiva nucleares simultáneamente en ambos países o sea superpotencia y que después de estar a  la par con las otras potencias entonces se comience el mismo plan o proceso en todos los países que poseen armas atómicas hasta que así el  mundo quede libre de este  temor y que a lo que viven de la fabricación, el comercio y el descubrimiento de mortífero armamento se le busque otro empleo.

 A mí forma de pensar hay dos maneras de ganarse la vida o de hacer fortuna que la detesto, una de esa es la fabricación de armamento destructivo como son las armas atómicas y las armas químicas y otras que no han salido al conocimiento  público, y la segunda profesión es la de la funeraria y fabricación de salud.  En los fabricantes de armas existe en su mente la idea de que tan destructivo será el descubrimiento y deseoso de que haya conflicto para así ellos poder hacer negocios.  El que invierte en una funeraria y la fabricación de ataúd, como todos sabemos sus clientes son los muertos así que esos comerciantes los fabricantes de alarmas siempre están deseosos de que exista conflicto hasta lo pueden provocar  o alentar.  Y el que invierte en funeraria está deseoso de que la gente muera, porque sencillamente como ya dije su cliente son los muertos, por eso a esa gente, es decir los dueños de funerarias y ataúd lo llamo gente de malos sentimientos, pero en forma de broma claro está.

Pero a los fabricantes de armas y a los que viven de ese negocio se podría llamar amante de la destrucción y enemigo de la paz.

# *Qué es la C.I.A.*

Creo que sus siglas dicen: Agencia Central de Inteligencia.  Pero más bien creo que debió llamarse, red de espionaje Americana.  Creo que es así que esta actúa, como una R.E.A. y siempre en perjuicio de sus vecinos, de sus aliados y del mundo.

Como todos sabemos a esta agencia o institución del terror, cada año se le presupuesta miles de millones de dólares de los fondos de los contribuyentes, para que esta pueda llevar a cabo sus funciones. Las funciones de esta agencia son desconocidas para el ciudadano común, para el trabajador, que al fin es quién carga con los gastos de su macabro trabajo.  Estoy seguro que los que pagan el dinero, de saberlo y de tener poder para evitarlo lo evitarían.  Pero se da el caso que la mayoría de ciudadano común, el trabajador, que es el que paga por todo estos desmanes, ni se entera ni tiene poder para evitarlo en caso que lo supiera. Esta agencia de terror, se encarga de investigar o espiar a los gobiernos y sus instituciones, a grandes personalidades; especialmente de la política, como también de la eliminación moral de esos individuos o instituciones.  También la eliminación física sí es necesaria, a los gobiernos, si estos no son de su agrado o por lo menos le ha visto tendencia hacía algún lado que no es el de su agrado o de su conveniencia.  Estos son derrocados por medio de golpes militares o creando desasosiego por medio de grupos terroristas organizados y dirigidos por la CIA y apoyados por la Casa

Blanca en Washington.  Aunque ellos niegan toda participación, al tiempo, cuando ya no hay remedio, porque ya el daño fue hecho, entonces se oye decir o se sabe que la CIA participó en tal o cual caso.

De lo que  sí se puede estar seguro es que esta agencia no es una institución social, ni mucho menos humanitaria sino una organización macabra del terror, que está en todas partes pero que en ninguna parte se ve.  Se puede decir que es como el  viento, que se oyen y se ven sus efectos, pero no se puede medir su volumen por ser un elemento.  Así es la CIA, muy parecida al viento, con la gran diferencia de que el viento se siente desde que comienza a atacar, y los efectos de la CIA se ven después que todo pasa, cuando ya sus efectos han pasado.  Lo que quiere decir que no hay forma de uno defenderse de sus devastadores efectos.

La CIA con su caudal de recursos económicos e influencia, corrompe a altos militares en esos países, para que  se levanten contra el gobierno que ya no es del agrado del gobernante de  turno en Washington o en el Pentágono. Esto sólo es una pequeña parte de las acciones de esta agencia.  Creo que nadie que no esté o haya estado dentro de sus frías oficinas y que tenga acceso a sus archivos, podría nunca enterarse de todas las macabras acciones que se ejecutan contra nuestros pobres países y no se sabe cuándo pararan.

# *Los perjuicios que provocan a EE.UU. las intervenciones*

Estados Unidos y especialmente el pueblo norteamericano sufren grandes daños o pérdidas por sus intervenciones. Si analizamos bien veremos que EU  Ha mantenido y participado en muchos conflictos y guerras con el pretexto de garantizar sus intereses y defender la soberanía nacional. Creo más bien que esto es un irrespeto a su pueblo por parte de los gobernantes de este país.  No creo que la soberanía de este país haya estado nunca en peligro, y si sus intereses han estado en peligro alguna vez, ha sido por su errada política.  Tanto ha sido  así  que la gran mayoría ven al norteamericano como al enemigo común, cosa que no debería ser así, pero desgraciadamente EUA se hace querer por temor y no por respeto.  Cuando se respeta por temor, existe el odio y cuando se respeta por verdadero respeto existe amor, algo que los gobernantes de los EU nunca ha comprendido, y mientras esto siga así, seguirán habiendo conflictos en el mundo, donde verán al norteamericano como el enemigo común.  Porque EU  tendrá que seguir defendiendo sus intereses en todo el mundo.  Así como no son bien vistos los norteamericanos en el mundo tampoco son bien vistos sus intereses.  Otra cosa que es la más perjudicial tanto para el pueblo común, como para el gobierno de este país, es cuando los gobernantes dicen defender la soberanía de EU  creo que la soberanía de cada país está dentro de sus fronteras y la frontera de este país se puede decir que nunca ha sido mancillada si se puede decir así.  Creo que todo lo que se haga fuera de la frontera de cada país se llama intervención, por tanto creo que es lamentable que EU  gaste miles de millones de dólares del contribuyente para mantener guerras que nunca debieron ser,  pero que  ha sido por ambición de poder con fines expansionistas sin importar el costo de esas intervenciones.  Todavía falta por mencionar una irreparable pérdida, quizás la más importante, esa es la humana, que quizás nadie se ha dispuesto a hacer una estadística general de cuántos jóvenes han muerto en todas las guerras e intervenciones que EU ha llevado a cabo.  La mayoría de ellas por no decir todas fuera de sus fronteras. Entonces, yo diría ¿qué buscan esos jóvenes ofrendando sus vidas por algo que ellos mismos no se lo explican? Estoy seguro que sí se lo preguntaran, ellos sólo repetirían lo que oyen decir: "defendiendo la soberanía de nuestro país", pero ellos nunca han pensado donde comienza y termina la soberanía de cada país.  Creo  que fuera bueno que algún día se detuvieran a interrogarse acerca de esto, o que por lo menos eduquen a los niños lo que es la soberanía de cada país, para que mañana esos jóvenes sepan lo que están haciendo cuando van a luchar fuera de la frontera de su país y especialmente de EU  yo diría, de qué valen los honores, las coronas, las flores, los títulos de héroes después de muertos.  No creo en eso.  A veces ustedes ven madres, esposas, novias, e hijos felices cuando ven rendirles honores de héroes a esos inocentes jóvenes que ofrendaron sus vidas sin saber en aras de qué, mientras que los protagonistas ausentes de todos estos conflictos, permanecen a cientos o miles de kilómetros de esos conflictos, que ellos mismos provocan y que al final ellos son quienes se llevan las victorias y los lauros, mientras que los llamados héroes sólo sirven para alimentar a los gusanos. Que inocente valentía! Lo que toman las armas para defender la patria pero siempre mueren fuera de ella.

¡Qué incógnita!

# *Discriminación o demagogia de EE.UU. en perjuicios de nuestros pise latinoamericanos*

Como es bien sabido, E.U le da la bienvenida a todos los exiliados que vienen de países que ejercen una política contraria a los que EU  quiere pero los exiliados que vienen de países gobernados por títeres elegidos en elecciones fraudulentas y que estos salen huyendo al terror implantado por esos gobiernos al no tener el apoyo popular  del pueblo o de la mayoría, tienen que usar el terror, la fuerza pública para poder así aplastar la furia del pueblo que viéndose traicionado se rebela.

Cuando estos llegan a EU  aquí no son bien recibidos porque para EU  estos no son exiliados, estos no reciben el trato que le da a otros grupos por ejemplo a los cubanos, a esos se les presenta en público, ante la radio y la televisión porque con esto EU  quieren engañar al mundo o a una parte del mundo haciendo creer que  en Cuba se está viviendo un estado de terror, pero eso, ni  ellos mismos se lo creen. Ellos hacen creer que lo creen porque a ellos les conviene, ellos saben así como  todo el  mundo que la mayoría de esos cubanos por no decir todos no son enemigos de Castro ni de la Revolución Cubana, sino que estos la gran mayoría lo que son esta amigo dólar, fíjese bien, ustedes saben de un viejo refrán que dice que el que se está ahogando se agarra hasta de un jabillo, por sí alguno no conoce el jabillo, eso es un árbol que crece en los países tropicales, tanto su tronco con sus ramas están cubiertas de espinas, tanto que usted no podría poner un dedo donde no se halle espina.

Creo que con esto queda ilustrado lo de jabillo. Pues esto es sólo una forma de manifestar la desesperación del que se está ahogando y el que huye del comunismo, pero se da el caso de estos refugiados, por ejemplos los Cubanos, nunca se ha oído que han desembarcado en Haití ni en República Dominicana que están a un paso de Cuba, quizás más que Miami y que yo sepa en esos países no hay comunismo, creo si no me equivoco que en años anteriores a esta fecha cuando escribo esta página en 1986 se habían producido salida de cubanos vía Perú, Costa Rica, Panamá y creo que hasta España, países estos que  tampoco son gobernados por comunistas pero siempre ellos prefieren recibir asilo en EU  con el pretexto de reunirse con sus familiares y quizás hasta con sus amigos (los dólares).  Creo que también es bien sabido que ninguno de nuestros países por muy revolucionario, o muy socialista o demócrata que sean no tienen un nivel de vida como el de EU  y por eso los cubanos con el pretexto del comunismo quieren viajar a EU  , Los Haitianos con el pretexto de la dictadura, Los Salvadoreños con el pretexto de la guerra civil o la guerrilla, los Nicaragüenses con el pretexto de los sandinistas y los dominicanos como no tienen ninguno a no ser la estrechez económica, arriesgan sus vidas tratando de alcanzar las playas de Puerto Rico para así poder reunirse con sus familiares y sus amigos (los dólares)  por eso creo es una demagogia de EU  porque usan la mentira para engañar,  pues si es lo contrario ¿por qué no dar a todos el mismo trato? Pero como ya sabemos unos son recibidos por representantes del gobierno norteamericano y por la prensa mientras que otros son recibidos con la más baja crítica y hasta entregados a  la justicia o inmigración para que les procese su deportación.  Como le llamaría usted a esto, ¿humanismo, discriminación o demagogia?

Juzgue usted señor lector.

# *Situación económica latinoamericana*

En 1986, como ya sabemos todos nuestros países tienen una deuda externa que creo a esta se le debió llamar "Eterna" por su impagabilidad.  Estoy seguro que muchos se preguntaran por qué ese nombre,  pero para saberlo tendrán que buscar en los libros de historia.  Digo esto porque se puede decir que  han pasado o mejor dicho han crecido generaciones oyendo este  nombre, sin que una gran mayoría sepa de donde viene.  Hay muchos que hablan de esa deuda sin saber lo que dicen, quizás haya quién crea que es algo simbólico y honorífico, pero si alguien lo cree así está muy equivocado.  Esta es una deuda real y física que hay que pagar, pero que nunca se paga, porque la  política de los acreedores, los comerciantes oportunistas, es mantener esos países invadido económicamente.  Digo esto porque mientras esos países les están debiendo no pueden coger a otro y aunque estos quisieran hacerlo no podrían, pues nadie le prestaría a alguien que está endeudado hasta la eternidad.  Es decir, que sólo el antiguo acreedor le puede seguir prestando bajo ciertas condiciones o regulaciones y con una gran desventaja. Imagínese usted cogiéndole prestado a alguien que ya le debe. Ya sabemos que esto acreedores no se preocupan por su dinero que ponen en manos de esos países, ellos saben que sus finanzas están bien garantizadas, pues salen gobiernos y llegan gobiernos, y todos tienen que reconocer esas deudas aunque estas no hayan sido hechas por ellos.  Está por demás decir que a esos gobiernos que no disponen de suficientes recursos para poder hacer otras inversiones y por ende llevarse unos cuántos millones en su cuenta bancaria, tienen que recurrir a ese método de endeudamiento  externo como ya ha sido bautizado ese inmenso monstruo de la economía, que aunque el pueblo que es quién la paga, nunca toma parte en las decisiones de esta.  El pueblo sólo se entera de ella cuando se le ponen regulaciones imposibles de aguantar, entonces salen algunos funcionarios o el mismo gobierno a explicarle al pueblo la carga que ellos y sus antecesores le han echado encima.  Está por demás decir que esos pueblos que cargan con esa gran deuda pueden sobrevivir sin ella.  Digo esto porque de esa gran cantidad de dinero que se toman, es muy poco lo que se invierte en obras reproductivas.  La mayoría de ese dinero se gastó en aumento de sueldos de funcionarios que no ven otra opción que no sea hacerse ricos.

Es decir, que ese dinero la mayoría va a parar al bolsillo de unos cuántos encumbrados en el gobierno y hasta lo que no están, porque hasta estos se llevan su parte, sólo para que se calle la boca.  Lo que quiere decir que el pueblo es el gran perdedor,  porque además que tiene que pagar la gran deuda es el que sufre las consecuencias cuando estos prestamistas ven su dinero en peligro y toman medidas drásticas para garantizar sus inversiones. Esto se hace pésele a quién le pese y esto porque no se sabe si ya habrá nacido algún nacionalista con la intensión de ser presidente o dirigente político,  ya que esa es la ciencia que gobierna al mundo.

## *Problema monopolista mundial*

Como todos sabemos en todo o en casi todo el mundo existen grandes poderes detrás del trono, si se le puede llamar así. Esos poderes son los monopolios. Estos los hay inmensos, grandes y pequeños, pero de todas formas monopolios. Monopolios creo yo son todas esas corporaciones, firmas comerciales, sociedades, asociaciones o como se le quiera llamar. Creo que hasta los gobiernos se han convertido en monopolios políticos. Los monopolios se convierten en poder de decisión ante los gobiernos de los países en que operan, de forma especial en los países subdesarrollados. En estos países los gobiernos o en el congreso no pueden tomar ninguna determinación o medida sin antes contar con el visto bueno de estos, porque esos gobiernos no pueden afectar los intereses de esas instituciones monopolistas, lo que quiere decir que esos países donde existen esos monopolios sus gobiernos no pueden tomar medidas que vayan en favor de sus pueblos sino que primero que nada está el beneficio de esos monopolios, de esas grandes inversiones. Ya sabemos que sí uno de esos gobiernos establece leyes que vayan a afectar sus intereses ellos se encargan de acusarlos de comunistas, hasta tratan de minar sus bases para que este caiga. Estos métodos son despido masivo de empleados por medio de subvertir el orden en distintas formas, lo que quiere decir que el gobierno que no esté dispuesto a enfrentar éste problema lo que tiene que hacer es buscar su apoyo en cualquier decisión que tome dicho gobierno.

Hasta ahora sólo he hablado de una pequeña parte de poder de decisión que  ejercen esos monopolios ante los gobiernos de esos países, así que ahora le hablaré de abuso, la explotación que cometen esos monopolios contra el indefenso pueblo que no tiene ningún poder, ni forma de evitar el abuso que se comete contra él,  es decir el pueblo, pues sus esperanzas están fundadas en el  gobierno que es la institución de poder y decisión que debe o está obligado a defender a su pueblo, pero este no lo puede hacer a no ser que esté dispuesto a enfrentar esos poderosos pulpos, por tanto los pueblos especialmente los pobres y la  clase media sufren y pagan caro la ambición desmedida de estos pulpos que no se hartan de ser tan ricos.  Algunos de estos monopolios en EU  por ejemplo son: Brooklyn; Unión Gas, Con Edison y la New York Telephone, sólo para nombrar algunos, como todo el  pueblo norteamericano sabe y especialmente la  ciudad de Nueva York, tiene varios monopolios, pero tres creo yo, son los más poderosos.

Estos monopolios como todos los demás explotan al pueblo.  Se puede decir que casi con la complacencia del gobierno o de los gobernantes, digo esto porque a cada rato se oye a uno de estos monopolios pidiendo un aumento en la  tarifa al servicio que prestan a este país, especialmente a la ciudad de Nueva York que es donde está su mayor influencia por ser el  área más poblada.  En esta ciudad el ciudadano o residente está al explotar, pues ya no aguanta más los abusos de estos monopolios,  pues mensualmente cuando usted recibe la factura de servicio prestado por unos de ellos le llega con aumento exorbitante lo que lo obliga a presentarse a una de sus sucursales para reclamar por el exorbitante aumento en su factura, pero cuando usted es atendido por una de sus cajeras,  recepcionista, operadora de cómputo esta le dice que esa es la real factura del servicio usado por usted, pues según ellos eso es lo que indica la computadora como si la computadora no estuviera manejada por ellos mismos o como si la computadora estuviera conectada al contador que opera en el consumo de su casa o su comercio.

Pero después de gritar y lamentarse ellos le preguntan qué clase de artefacto tiene usted en la casa, como por ejemplo, lavadora, aire, o abanico. Cuando usted dice que sólo abanico o ninguna de esas cosas entonces la cajera u operadora le dice que tal día irá alguien a  chequear su contador, pero al mes siguiente usted recibe la misma factura que usted dejó de pagar porque creía que estaba abultada además de la del presente mes, pero sin un centavo menos, ante esta situación usted sólo tiene la obligación de pagar lo que ellos le dicen aunque usted crea o sepa que no pudo haber consumido ese servicio, pero qué  se puede hacer en una ciudad como esta donde usted no puede prescindir de ninguno de esos servicios?  Como ya dije, son monopolios no son bodegas, no son supermercados, no son farmacias, ni tiendas, donde hay competencia, donde usted puede elegir sus gustos para comprar, no con esos monopolios, porque, se está con ellos o con nadie pues usted no puede decir voy a cortar el gas para ponerlo con fulano, igual sucede con la luz y el teléfono.  Situación ésta, que  nos posiciona en tan difícil desventaja, que nos obliga a seguir con ellos quiéralo o no.

El abuso que cometen estos monopolios contra el indefenso pueblo casi siempre queda en el anonimato porque sencillamente el ciudadano común no está organizado, para por ese medio hacer público los abusos que se cometen contra ellos, tanto así que el vecino a mí casa no sabe qué tan alto me llegó la factura de la luz, el gas o el teléfono en ese mes, igual me sucede a mí o a usted, por eso digo que esos abusos quedan en el anonimato. Tanto es el abuso que si por ejemplo en tal apartamento el inquilino anterior tenía tres aires, lavadora y quién sabe cuántas cosas más y el actual inquilino sólo tiene unas cuántas bombillas y la imprescindible nevera, este sigue pagando la misma factura que pagaba el anterior inquilino que tenía tres aires, lavadoras y quién sabe qué.

Eso por el sólo hecho de que a usted se le manda una factura por estimado no por lo que usted verdaderamente consume, esto puede durarle hasta un año o más, eso depende de lo paciente que usted sea, es decir, que se aplica el refrán que dice "al chivo que no grita cuchillo con él", es decir, si usted nunca reclama, usted seguirá pagando el estimado que pagaba el anterior usuario, pero esto no quiere decir que ya que usted se haya quejado le van a reembolsar lo cobrado de más. No, eso no, pues la computadora dice o decían que eso era lo que usted consumió; el abuso es tal que hasta he oído a los inquilinos decir, "parece que el inquilino anterior no pagó y ahora me la están cobrando a mí". Hasta ahora he hablado del abuso que cometen esos monopolios contra el indefenso pueblo y que queda en el anonimato, pero hay otros abusos en perjuicio del pueblo y este también cometido por monopolios pero permitido por el gobierno y de las autoridades. Ese abuso es aquel donde ellos se quejan de que no están recibiendo beneficios por el servicio que prestan a la población y que por tanto necesitan un aumento por el servicio prestado, pero qué sucede, reciben esa millonada en aumento y el servicio sigue siendo el mismo o peor, todo esto sucede porque a estos monopolios no se le hacen una auditoría para saber si en verdad corresponde el reclamar aumento pues nada de esto se hace ni se hará jamás porque detrás de todo esto están la compra de conciencia de influencia a parte de la que tienen, además que  yo me pregunto.  Qué pasaría si uno de esos gobiernos donde operan  esos monopolios les negara el apoyo a sus inversiones y a sus ambiciones.

Conteste usted mismo.

Norma Santana

## *Esclavitud impuesta desde afuera*

Nuestro continente ha sido explotado desde que Colón por desgracia para los nativos, arribo a la costa de Quisqueya como la llamaban sus pobladores nativos "Los Indios o La Española" como la llamó Colón el 5 de Diciembre del 1492, desde esa fecha nuestro continente ha sido explotado, primero por los españoles y por otros países europeos que viendo las oportunidades comenzaron a apoderarse y a colonizar territorio de este continente, sin importar los métodos a usar con tal de conseguir sus propósitos. A esos nativos se les despojaron de todas sus pertenencias y derechos, se les quitaba sus tierras, sus riquezas, sus mujeres, su tradición

Y hasta la vida. ¡Qué ironía! Diríamos los que no sufrimos esa pesadilla en carne viva como dice el dicho. Pero si analizamos bien debemos de admitir que esa ironía o pesadilla no tiene nada que envidiar a la actual situación que estamos viviendo en este continente en pleno siglo xx, y no por españoles ni europeos, sino por americanos contra americanos, hermanos contra hermanos, vecinos contra vecinos, si se le puede llamar así. Ahora repito la palabra que aplique al caso de los nativos "Los Indios" a la llegada de Colón. ¡Qué ironía!, ¡Que pesadilla! La que ha tocado vivir a  los pobladores de este continente desde el 5 de diciembre de 1492. Con la diferencia de que en aquellos tiempos sufrió todo el continente la misma suerte,  pero ahora sólo es una parte aunque la mayor parte. Ahora esa mayoría es explotada, esclavizada por un sólo país,  por un país hermano, por un país que fundó la base de su independencia en esos principios que hoy olvida para explotar y esclavizar sus hermanos hemisféricos continentales, este país se llama EUA.


EUA olvida su propia idiosincrasia, sus propias leyes, sus normas, su origen de país colonizado y actúa como si al actuar estuviera vengando lo que a ellos le hicieron los británicos, pero se da el caso que le están cobrando las deudas a inocentes e indefensos. Creo que todo el que haya leído un poco la historia o estadística verá que nuestros países latinoamericanos han sido explotados o esclavizados por EUA. Como ya sabemos EUA es un imperio con un emperador en la Casa Blanca en Washington, pero es bueno saber que ese imperio y su emperador mantiene un dominio esclavizador sobre todo el continente y otra parte del mundo a los cuales ellos llaman aliados. Pero sigamos hablando del continente, que es lo que a nosotros nos atañe, porque lo que sucede en este continente, como lo que sucede en América Latina es lo que nos favorece y lo que nos perjudica, pues como todo sabemos en todos nuestros países hay un presidente que dice representar al pueblo o a su pueblo. Pero nada de eso, ese presidente sólo es un subalterno que recibe órdenes de su jefe en Washington. Nuestros presidentes, nuestras leyes son nulas, digo esto porque todos o la mayoría de nuestros presidentes no son más que gobernadores similares al de Florida, Chicago, Nueva York y otros. Gobernadores estos que sólo tienen autoridad en sus respectivos estados, pero ya sabemos que EU es gobernado por un gobierno central o federal, pero desgraciadamente estos gobernadores, es decir, los llamados presidentes que gobiernan en Latinoamérica tienen mucho menos autoridad que un gobernador de la Unión Norteamericana, puesto que estos gobernadores sí tienen autoridad y determinación en lo que a ellos le compete

Mientras que los llamados presidentes en nuestros países, no tienen esa determinación.  Porque ante ellos tienen que estar seguros de que cualquier determinación que ellos vayan a tomar tiene que ser del agrado de su representante en Washington, por eso usted ve al embajador estadounidense participando en los asuntos que competen al gobernador o presidente o como usted lo quiera llamar.

En nuestros países el funcionario de más alto rango, el funcionario con más autoridad es el señor embajador de los EU  Esto sucede así porque esté señor es la persona que mantiene en su posición al gobernador o presidente,  él también puede hacerlo quitar, pues ese señor es el observador secreto con la autoridad de evaluar la  situación en cada país donde desempeña sus funciones, con respecto a la situación política que es la  que siempre a ellos les interesa, pues es el medio por el cual se esclavizan, se explotan o se gobiernan esos pueblos,  por eso creo que nuestros pueblos son esclavizados  y explotados.

¿Cree usted que con una situación así nos podemos considerar libres o independientes?  Creo que no.

## *Capitalismo que descapitaliza*

Es cierto que EU  de Norteamérica es uno de los países que ofrece mayor nivel de vida económica a sus ciudadanos por ser uno de los países más industrializados del mundo. Pero a mí forma de ver las cosas creo o estoy seguro que este es uno o el  país que más descapitaliza a sus ciudadanos.  Digo esto porque según he podido notar creo que el ciudadano en este país trabaja a media con el gobierno, es decir, que del salario o de las ganancias se lleva la mitad, pues fíjese bien en este país  EU  Aquí el comerciante o empresario se le obliga a invertir o reinvertir  sus ganancias, esto como forma de crear empleos en beneficio del pueblo que se la ha dado.   Hasta ahí todo va bien, pues creo que esa debería ser la  forma de obligar a los explotadores o inversionistas a retribuir sus ganancias en favor del pueblo aunque sea por medio de ofrecer un empleo y no la forma que  se usa en nuestros países hispanoamericanos, de que el capitalista explota al pueblo y cuando le da ganas lo mete debajo del colchón o lo lleva al banco extranjero a darle beneficios a otro que no supo cómo se adquirió esa fortuna. Aquí en EU  también se les prohíbe a sus ciudadanos sacar cierta cantidad de dinero a  no ser que informe a  las autoridades y que de estas den el visto bueno.  Todo esto a mí me parece una buena medida, pero de lo que no estoy de acuerdo es con las leyes de este país o mejor dicho con las leyes impositivas, pues como ya dije aquí el gobierno es el mayor captador de capitales pues, fíjese bien le voy a poner un sencillo ejemplo y este le dirá todo lo demás, pues como ya sabemos actualmente en 1987 el salario mínimo en este país es de $3.35 la hora, lo que quiere decir que un obrero por ocho horas de trabajo se gana $26.80 y por cuarenta horas o sea una semana de trabajo esté obrero se ganara la suma de $134.00 dólares pero eso es sucio o mejor dicho no libre de impuestos, y libre de impuestos si usted tiene por lo menos tres dependientes entonces usted podrá llevarse a la casa unos $119.00 dólares pero todavía ese dinero no es suyo pues sí usted gasta en comida, ropa o algún electrodoméstico 100 dólares de $119 que se llevó a la casa en bodega, en la tienda le van a cobrar $8.50 o $9.00 está gastando unos $110.00 dólares de los $134.00 que se ganó, pero detrás de eso está el abuso comercial que existe en todos los países, pero especialmente en EU pues este es un país donde no existe el control de precio y esos comerciantes, aumentan de precio sus productos o mercancías varias veces por encima de lo que debió ser su verdadero precio, tanto así es el abusivo pago de impuesto y el abuso cometido por los comerciantes que una vez un senador estadounidense se puso a investigar esa clase de abuso y pudo comprobar que una bata de recibo en la casa que él fue a comprar a una de las tiendas más famosas de Nueva York, según él y la prensa televisada esa bata fue confeccionada en una factoría y al salir de ahí su precio era $4.50 no sé si antes de llegar a esa tienda famosa ya esta había pasado por un revendón o intermediario pero el caso fue que al llegar a su mano, es decir a la del senador que investigaba el abuso comercial ya esa bata estaba valorada en la tienda en la astronómica suma de $78.00 dólares qué le parece un artículo que salga de mano del productor por el bajo precio de $4.50 y que al llegar a manos del consumidor este tenga que pagar la astronómica suma de $78.00 dólares?

Digo astronómica tratándose del bajo precio de ese artículo y el bajo precio de producción que tuvo. También puedo decir que una vez fui a comprar un traje o "suit", cuando llegue a una tienda vi uno que me gustaba,  pregunté por el precio y el dueño me dijo que costaba $65.00 dólares, pero como yo conozco el sistema de aquí no le ofrecí nada sólo me limité a decirle que estaba caro por lo que me dijo el señor que lo dejaba en $55 dólares, fíjese bien cuanto de rebajó, entonces yo al ver que el señor estaba insistiendo le ofrecí $40 dólares, cuando le dije así él me preguntó, ¿cuánto tienes para gastar? Entonces yo le conteste: No tengo nada para gastar lo que tengo es para comprar, al decirle así tomó el traje en sus manos y me dijo tómalo, por los $40 dólares  a lo que yo le contesté, ya no lo quiero. Eso a él le produjo asombro y me dijo: qué pasa si te lo estoy dando por lo que tú me ofreciste a lo que yo le contesté: ¡ya no sé cuánto vale ese traje!  Pues cuanto estuviera yo perdiendo si te hubiera dado los $65 dólares que me pediste primero, o los $55 dólares que me pediste después. Pues estoy seguro que tú me lo estás dando por $40 dólares y no está perdiendo.  Al decirle eso a un empleado que lo acompañaba se reía y él me miraba asombrado.


Lo que quiere decir que  el abuso comercial en este país depende de los crédulos que sean los consumidores o la necesidad de adquirir que tengan los compradores.  De casos como este no habría páginas ni libros para escribirlos. También hay otros casos de abusos pero estos cometidos por el gobierno, o por las leyes impositivas, a esta clase de abuso es a la que yo le llamo capitalismo descapitalizador. Ya le hable del abuso que las leyes impositivas cometen contra la clase media y alta o sea ricos y empresariales. Primero  le diré que se puede decir que en este país el único propietario es el gobierno y sus leyes, pues la fiscalización que ejercen los captadores de esos impuestos es tal que es difícil de escapar a ellos.

Una prueba de esto que digo se la voy a ilustrar con un sólo ejemplo. Pues si por ejemplo usted tiene una casa, edificio o condominio, sea este de su uso propio o de alquileres, si usted se atrasa en los pagos de los impuestos usted corre el riesgo de perder esa propiedad, es decir, esta pasa a un sistema que se denomina que pasa a la ciudad, esto quiere decir que el propietario ya no es usted sino las autoridades de la ciudad por ejemplo; la alcaldía, así como este caso le sucede a los hacendados, a toda persona que posee una propiedad en los EU.


Este no es el caso de otros  países donde estos impuestos tienen un límite, es decir, que llega el tiempo en que usted no debe nada a nadie, no, eso no. aquí usted nunca acaba de pagar por eso yo creo que el capitalismo de EU  es como un saco o bolsa rota como por ejemplo en una casa de juegos donde el responsable al juego cobra un por ciento por ser el responsable, pero sucede que mientras los jugadores juegan el dinero que hay en el juego está de mano en mano y como en cada jugada siempre hay un ganador, la casa o el responsable al juego sigue cobrando su por ciento, tanto es, que a veces se da el caso que todos los jugadores salen perdiendo. Estoy seguro que si usted no sabe de juego me dirá que como puede  suceder esto,  pues si no lo sabe le diré que mientras el dinero estuvo de mano en mano, esta decir, perdiendo ahora y ganando después el responsable al juego o la casa como le quieran llamar se quedó con el dinero sin que nadie  de antemano lo sospechara y sin invertir nada.

Así mismo es el gobierno y sus leyes. El gobierno de cada país, es el representante del pueblo en lo político y el administrador del pueblo en lo económico.

Pero hay países como en el caso que estoy mencionando que  el gobierno se convierte de administrador y representante del pueblo, en dueño y explotador del mismo pueblo al que debe defender por haber confiado en él, pero se da el caso que ese ejemplo que puse de saco o bolsa rota es una trampa en la que todo el mundo queda atrapado o engaña-do, pues se conforman con echar en el  saco o en la bolsa sin saber por qué salen todas las cosas que echan en él.

Norma Santana

## *No es valiente*

No tiene nada de valiente el que un fuerte se enfrente a uno más débil sólo porque tiene fuerza o poder, eso y no otra cosa es lo que ha llevado a cabo EU  contra sus vecinos latinoamericanos y contra los pueblos débiles del mundo.  EU  ha ejecutado una política errada en su historia republicana,  todos sus gobernantes aprovechando su poderío económico y militar, han tratado de imponer su voluntad por la fuerza, usando todos los medios a su alcance sin importarles el daño que ocasionan a esos pueblos que lo sumen en la pobreza, hambre, y  en la miseria más espantosa. Pues nuestros países indirectamente están cohibidos de negociar con quien ellos quieran, tienen que vender sus productos a EU  a precio que a ellos les convenga y no al que quisieran vender esos pueblos,  por tanto, esos países se sumen cada día más en la pobreza, el hambre y la miseria. Aparte de que EU  le compra sus productos a muy bajo precio están los gobiernos de nuestros países que  no son los genuinos representantes del pueblo, todos sus gobernantes de nuestros países que no son los genuinos representantes del pueblo sino oportunistas que con tal de enriquecerse venden su alma al mejor postor,  en este caso EU   Estos gobernantes en su mayoría cuando no son generales surgidos de golpes militares apoyados por EU  son gobiernos elegidos en elecciones llamadas libres por EU  pero en verdad esos gobiernos han sido elegidos por el Pentágono señalado desde la Casa Blanca, pero de este modo se engaña al pueblo y a la opinión pública internacional.  Esos gobiernos no tienen nada de democráticos, así son la mayoría de ellos, esto se hace  gústele al pueblo o no le guste, pues ya todos sabemos que todos lo que se hace y se dice en nuestros países, EU  tiene la última palabra, por tanto, si hoy existe socialismo, guerrilla y terrorismo en este continente se debe a la política errada de E.U. que ha empujado a esos pueblos a tratar de adquirir su libertad aunque sea al precio de ofrendar su vida en busca de esa deseada  libertad que nunca llega, pues ya tenemos la prueba en nuestras manos y esa prueba es el caso de Nicaragua.  Este  pueblo se lanzó a morir por su libertad pero cuando   creyó tenerla entonces encontró otro obstáculo, ese obstáculo es EU  que con tal de mantener su hegemonía en el continente y en el mundo se vale de todos los medios a su alcance sin importar que tan ridículo, sucio, deshumano y cobarde sean. A EU  sólo le interesa tener garantizado sus intereses, digo que no importa que tan sucio, ridículo o deshumano sean los métodos porque creo que lo que  E.U. está haciendo contra Nicaragua no es más que eso, una vulgar suciedad, una ridícula cobardía. Es la primera vez que he oído hablar de que un gobierno que dice ser democrático atenta contra la seguridad, contra la libertad de otro pueblo libre y soberano, pero hay que ver como lo hace y que métodos usa para llevarlo a cabo pues nada menos que de alentar grupos guerrilleros y comando terroristas contra ese pueblo, esto es increíble que un gobierno que se ufana en declarar la guerra al terrorismo y que sea el  primero en violar esos principios que dice defender.  Con esto queda bien claro que EU  actúa como el falso profeta que predica una cosa y hace lo contrario,  creo que si la historia es justa a Reagan tendrían que darle su lugar como el gobernante más disparatado que ha tenido el mundo y especialmente EU  digo esto porque no se puede estar diciendo una cosa y haciendo otra porque ya lo dice el refrán que a un pueblo se puede engañar por mucho tiempo pero no todo el tiempo.

Como también se sabe por la historia que los imperios no son eternos y a EU  como a otros tantos le llegara su turno y creo que la caída de éste no está muy lejos, porque ya los pueblos débiles del mundo no aguantan más garrotes sobre su lomo.  Ya los pueblos no aguantan más hambre, no aguantan más terrorismo, más gobiernos títeres, no aguantan más elecciones amañadas, más invasiones, no aguantan más estrangulamiento económico, no aguantan más cobarde demostraciones de fuerza, caso como el de Granada, el  de Nicaragua, el  de Libia, el de República Dominicana, digo esto porque todas esas invasiones no son más que actos cobardes de una llamada súper potencia contra débiles países, contra pequeña  isla como es el caso de Granada.  Hay suficientes pruebas que EU  sólo es valiente con los débiles porque yo me pregunto  por qué EU  en vez de haber invadido a Granada no invadió a Cuba, que al fin era el que construía las pistas de aterrizaje con fines militares según EU?

Siempre he creído que  EU  Ha tenido a Cuba como el gran peligro para sus fines expansionistas, entonces por qué no invadir a Cuba y no a Granada.  Si EU  Odia al comunismo y acusa a la Unión Soviética de ser la que está interfiriendo en los asuntos internos de EU  porque EU  se cree dueño y señor del continente, entonces si Rusia es el  que está interfiriendo con su comunismo por qué no dar a la culebra por la cabeza, no, eso no, porque la unión soviética es superpotencia, La Unión Soviética es poderosa, no es débil, a esa no se le puede atacar. EU  sólo es valiente con los débiles, creo que eso lo sabe todo el mundo, pues debemos recordar aquel avión lleno de  pasajeros que según la unión soviética confundió con un avión espía que  estaba volando sobre bases militares.  Cuando fue derribado EU pego el grito al cielo por el problema, y, la única disculpa que dio La Unión Soviética fue que si se volvía a repetirse el caso, ellos harían lo mismo, en este caso lo único que EU hizo fue hablar dizque de sanciones que ellos mismo sabían que no harían nada contra ese país,  pero no tomaron ataque,  ni siquiera lo sugirieron porque no se meten en camisa de fuerza, le gustan las camisas sin broches porque son más fácil de poner, más fácil de quitar, pero si eso lo hubiera hecho Nicaragua, República Dominicana, Haití, o cualquiera de esos pequeños países y pobres países que sumidos por el hambre más espantosa, no pueden comprar ni el pan para comer, ya no existieran, EU  los hubiera barrido de la faz de la tierra con su bravura y su valentía con los débiles pues son países que sólo adquieren las obsoletas armas que ya usa y desecha, así que de esa manera EU  tiene controlado a esos países, pues sabe qué clase de armas tiene y qué poder tienen esas armas, así que de esa manera los controla, pues esos países adquieren préstamos en EU  pero esos préstamos lo reciben esos países, una pequeña parte en provisiones mercantiles y la mayor  parte en esos obsoletos armamentos que como y le dije han sido desecha

## *Armamentismo en el  continente Americano*

Frecuentemente se oye decir a los gobernantes de los EU  de un desequilibrio armamentista.  A veces lo hacen otros países inspirados por EU, pero nunca un país en éste continente ha gritado o ha dicho nada por el armamentismo desarrollado por EU  Los EU  fabrican sus propias armas, de las más sofisticadas en la actualidad.  Esto no parece meter miedo a esos que a veces ven como un peligro que otro país del continente se arme.  Sucede, como ya dije antes que esa alarma, la fábrica EU  y de las más avanzadas para engañar a esos demás países, haciendo creer que ese mencionado país se ha convertido  en una amenaza para sus vecinos.  Digo que sólo esta una amenaza para los intereses de EU , porque cada vez que  EU  habla de un desequilibrio en el armamentismo, lo hace cuando algunos de esos países se han dispuesto a comprar algunos fusiles, cañones y municiones a otro país que no es EU  si fuera lo contrario, entonces ellos no vieran ese nombrado desequilibrio.

Con esa falsa alarma, ellos buscan que ese país asustado por ellos les compre las obsoletas armas, que ya a ellos no le sirven para nada, y que ese otro país dejó de comprar y que se lo compra a otros países; quizás no tan obsoletas. Es bueno que se sepa como otras tantas veces he dicho, que en este continente él único invasor, el único interventor lo es EU

Entonces ¿por qué esos países no se alarman por el gran desequilibrio armamentista que hay entre Estados Unidos y sus vecinos? No, eso no, eso no es una amenaza porque EU es el que fabrica el desequilibrio y por supuesto no se va acusar a sí mismo. Además de que ellos se creen los rectores, los dueños de esté continente, por eso ellos sí pueden hacer y deshacer y nadie puede decir nada. Por ejemplo, ellos actúan como el padre de la familia que se embriaga de alcohol pero le prohíbe a sus hijos tomar. EU usa esta alarma como un arma de doble filo. Primero lo hace por una amenaza en sus intereses comerciales, y segundo para sus fines intervencionista, pues como ya sabemos históricamente y estadísticamente, ellos son los interventores por naturaleza.

Por lo tanto ellos prefieren un país desarmado, y no con armas que no conocen o por lo menos desconocen su capacidad.

Pero mientras son ellos los que venden las armas a esos países lo mantienen subestimado. Por tanto no corren ningún riesgo cuando vayan a intervenir. Caso por ejemplo; el de Santo Domingo en 1965 y Granada, islita en la que entraron como perros por su casa.

¿Cómo se puede creer en esa falsa amenaza? Esto es un engaño más.

## *Desfalco y saqueo del erario público en todos los países latinoamericanos*

Este problema es tan grave que se puede decir sin temor a equivocarse que en casi todos los países latinoamericanos es tradicional el saqueo del erario o del dinero del pueblo como todo el mundo sabe, a cada rato se oyen las quejas de que un o unos cuántos funcionarios públicos se han robado o han desfalcado las empresas, las corporaciones o las carteras  que administraban, igual sucede con los presidentes, tanto los llamados elegidos por el pueblo como los dictadores, se puede decir que tanto uno como los otros va al poder con la intención de hacerse de una fortuna rápida, son muy contados los casos donde no se produzca esto.  Se puede decir que una excepción,  pero el motivo de este trabajo es referirme a un caso en especial,  el caso de República Dominicana.  En este  país se puede  decir que desde el  5 de Diciembre del 1492 en que Cristóbal Colón arribó a la costa de la Española como la bautizaron ellos,  este país ha sido saqueado,  pues en esa fecha los españoles comenzaron a saquear el país hasta el extremo de imponer un tributo a los nativos pobladores de esta isla que aunque ellos y hasta la fecha se habla del descubrimiento de América.  Yo digo y creo que debería decirse el arribo de Cristóbal Colón a América y no el descubrimiento,  pues creo yo, se descubre lo que está cubierto o escondido a los ojos de la humanidad o de la civilización.  Por  tanto yo creo no debería decirse descubrimiento, pues América sólo estaba oculta hasta esa fecha para los asiáticos,  los africanos y los europeos entre ellos  los españoles.  Pues para los millones de indios nativos que poblaban este continente,  para esos este continente no estaba cubierto u oculto.  Si alguien quiere decir que los indios eran salvajes y que  desconocían la civilización, creo que esa sería la civilización de los europeos y españoles, pues hasta los animales se entienden y para ellos esa es su civilización, también quiero preguntar. ¿Qué dirían los españoles, los asiáticos, los africanos si un indio americano hubiese arribado a la costa de uno de esos países o continente?

¿Aceptarían ellos como válido la palabra descubrir?

Creo que no, pues ellos no se consideran ocultos.  Así que por tanto no creo que  los españoles debieron de sentirse con derecho a saquear el continente o a una gran cantidad de países sólo porque ellos un día arribaron a sus costas, pues imagínese  Qué diríamos nosotros los terrícola si aquí un día se aparecieran lunáticos o marcianos diciendo que nos descubrieron! Y que traten de imponernos sus culturas que si existen deben tenerla y que además nos impusieron un tributo porque nos descubrieron y porque nos va a enseñar su cultura,  pues es bien sabido que ellos creerán de nosotros lo mismo que creyeron los españoles de los indios, es decir que eran incultos por tanto es que digo que en este mundo las cosas son del color del cristal con que se miren, pero lo malo de esto es que las cosas siempre se ven de un sólo lado del cristal y ese lado está de parte del fuerte, del que tiene el poder, pero dejemos esta  historia hasta aquí y sigamos con el caso dominicano (mí país natal) ya hable del saqueo que se comete en casi todos nuestros países latinoamericanos, pero en mí país desde que Colón arribó a sus costas, este desventurado país ha sido saqueado inmisericordemente, pues la historia nuestra se nos habla que aquí a los indios se les impuso un tributo o impuesto el que equivalía a un cascabel de oro o una libra de algodón, eso fue en era del descubrimiento y conquista como se llama en la historia. Después de eso nuestro país ha tenido una estela de gobernantes desde generales, consejos, juntas hasta presidentes llamado electo por el pueblo, pero todos, casi todos estos sólo han ido al poder con la intención de enriquecerse ellos y a sus seguidores. Parece como si repartieran un botín, creo que esto no necesita mucha explicación pues no hay un sólo dominicano que ignore está situación, para no ir muy lejos sólo basta con echar una mirada a la inmensa fortuna que amasó la familia Trujillo, tan grande era esta que todavía la mayor fuente de producción de éste país es una de las industrias confiscada a esta familia, eso aparte de los millones que tenían en bancos extranjeros y los que se llevaron en su huida, pero Qué ha pasado con esa fortuna que se le pudo quitar a esa familia?

Pues si no lo saben, ese fue un botín o mejor dicho una vaca que ha servido para alimentar, enriquecer a unos cuántos políticos profesionales que han visto en la política su modus vivendi o una forma rápida de hacerse rico, eso es algo así como si dijéramos que era mejor que esas propiedades hubiesen quedado en manos de su antiguo dueño (La familia Trujillo) porque, que yo sepa, mientras esas propiedades fueron de ellos nunca dejaron de dar beneficio, pero ahora están tan desfalcadas, tan saqueadas, que el gobierno para que estas no cierren tiene que suicidarlas, ahora sabe usted Por qué esas empresas en manos públicas no dejan beneficios? No vaya a creer que es que el negocio sea malo, no eso no, sino porque estas son usadas para campañas políticas, es decir sus recursos, también se mantiene sobrecargada de empleos políticos, o sea aquella famosa botella, si usted no sabe señor lector lo que es una botella, le diré, que eso en nuestro decir es un empleo sin funciones, pero que sí recibe pago regularmente, creo que una prueba de esto que digo es la gran cantidad de partidos políticos que participan en las elecciones dominicana en un país que todavía no llega a dos millones electores, ni siquiera es un país con arraigada democracia, ni siquiera en EU  que es un país con doscientos y pico de millones de habitantes existen tantos partidos políticos.  Fíjese bien que cuando pasan las elecciones, la mayoría de estos partidos políticos pierden su personería jurídica porque no alcanza ni  a un dos por ciento del total de los electorados  ¿Cómo le llamaría a esto: gran democracia o buenos vividores?

Aquí en este país a cada rato oye usted a la prensa libre hablar del desfalco de tal oficina, empresa  o agencia, pero estos funcionarios cuando no salen ser inocentes lo más que se hace es que se cancelan, pero este queda con su fortuna intacta, hasta se ha dicho en algunas oportunidades que hasta el  Palacio Nacional ha sido saqueado.  Una vez se dijo que hasta sus alfombras fueron robadas. Algunos  funcionarios cuando salen del poder se llevan los vehículos del estado tanto así que el nuevo gobierno entrante ha tenido que poner plazo y hasta dar ultimátum para que los entreguen.  Actitud  esta que se le pudiera llamar complaciente pues creo que a un usurpador debe de llevarse a la justicia pero eso no sucede así, esto puede ser para no sembrar un precedente, para, por si mañana nos lo pueden hacer a nosotros.  Fíjese que tan complaciente son los políticos y gobernantes de nuestro país (República Dominicana) que una vez un gobierno al tomar posesión le prometió a  los salientes que  en su gestión gubernativa se llevaría a cabo el plan de borrón y cuenta nueva, es decir dándole seguridad a esos desfalcadores de que no serían molestadas ni tocada su fortuna robada al pueblo.  ¿Cree usted que así puede desarrollar un país o nuestros países latinoamericanos?

# *El problema político, social y económico de nuestro continente*

Estos problemas sólo se pueden solucionar desde mi punto de vista. Sería de la siguiente manera: primero que EU como centro de poder en este continente se respete y aprenda a respetar. Esto de respetarse y respetar viene siendo lo mismo, sólo que dicho con otras palabras. A saber respetarse y respetar, es cuando se actúa dentro de las leyes, actuando dentro de los cánones legales. Pues sí, EU quiere que este continente se gobierne con democracia, que se respeten los derechos humanos y todas las libertades públicas, ellos deben ser los primero en dar el ejemplo. Antes que nada quiero aclarar que esto de que si EU quiere que haya democracia en el continente, esto sólo debe entenderse como una forma de buena vecindad, como solidaridad o sólo como una forma de buena convivencia con sus vecinos, pero nunca como lo han querido hacer por largos años. Es decir, que EU en una forma errática ha querido que los demás países del continente, se gobiernen con democracia, pero no una genuina democracia, sino, una democracia representante de los intereses norteamericano. Mientras ellos sigan pensando y actuando así, no se detendrá la violencia en este continente. Es bien sabido que ellos en una forma equivocada, tratan de imponer su voluntad por la fuerza, olvidando que ellos no tienen ningún derecho a dictar pauta a esos países por muy superpotencia que sean, porque los gobernantes de EU sólo pueden dictar pautas a su propio país. Pero no sucede así.

Ellos se creen con derechos a exigir a esos demás países lo que deben de hacer, y eso es una violación a todas las normas y principios de los acuerdos internacionales y una falta de respeto a sí mismo, pues no puede ni debe exigir respeto el que no se respeta a sí mismo.

Por tanto, es que  digo que la única solución a los problemas de nuestro continente sólo se resolverá cuando Estados Unidos comience a respetarse y a respetar a países libres soberanos y con autodeterminación.

Mientras eso no suceda, ellos tendrán que seguir interviniendo en nuestros países, tendrán que seguir derrocando gobiernos, celebrando elecciones amañadas, patrocinando grupos terroristas y guerrilleros y sólo porque Estados Unidos no se ha detenido a hacerse una autocrítica. O sea hacer una revisión a sus largos años de errores, porque sólo así se le puede llamar a esto.

Tal parece que ellos no han aprendido el proverbio que dice: "que la violencia engendra violencia" y que  "el que siembra viento cosecha tempestad".  Pues eso y no otra cosa es lo que han estado haciendo en su historia republicana.  Ellos se han dedicado a poner y quitar gobiernos.  Por eso es que digo que el remedio es que EU  aprenda a respetarse y a respetar la autodeterminación de esos países.  A veces da risa oír a EU  declarar la guerra al terrorismo y por otro lado aparece sin el  menor descaro apoyando al terrorismo  contra países libres (que se suponen tiene autodeterminación) sólo porque esos gobiernos no piensan o no actúan como lo quieren los gobernantes norteamericanos. Entonces,  como cree usted que deben actuar esos pueblos que se ven humillados y traicionados en su dignidad? Esos pueblos que siempre se ven gobernados por títeres que obedecen órdenes del exterior,  no les queda otro camino que el levantamiento armado, para de esa manera quitarse el yugo impuesto desde la Casa Blanca. Es bien sabido que también tienen que aislarse de ellos, porque ya sabemos que ese pueblo se quitó el yugo impuesto por ellos y por tanto no pueden seguir apoyándose en ellos. Quiero aclarar que no estoy de parte de la revolución armada para la solución de este problema, porque como ya dije, la violencia engendra violencia. Cuando la paz se logra por la fuerza no es una verdadera paz, porque esa ha sido la paz de los vencedores pero no la de los vencidos. Los vencidos quedan rezagados, esperando la primera oportunidad, para ellos adquirir su paz. Por tanto, esa búsqueda de paz se va formando en cadena interminable, pues es una paz que produce triunfadores y derrotados, como también produce descontento, la imposición de dictadores títeres que el pueblo sabe que no son sus representantes, sino los representantes de un país que le importa muy poco el bienestar de esos pueblos. Pero sí, como ya dije antes, EU se respetara a sí mismo y no apoyará ningún gobierno surgido de golpe de estado. Estoy seguro que de esta manera ningún ejército o general se atrevería a arriesgarse a una de esas aventuras, a pesar que esto último está demás decirlo porque ya sabemos que cada vez que en nuestros países se da un golpe de estado, ya EU estaba enterado o ellos mismo lo dirigieron. Por tanto cuando estados unidos abandone su errada política y se dé a respetar y respete a los demás países, entonces viviríamos en paz.

Cuando no haya grupos proscritos sino que cada uno pueda pensar, hablar y hacer lo que quiera siempre que esté dentro de los cánones que mandan las leyes. No creo en la paz impuesta por la fuerza, porque esta sólo produce terrorismo y quizás la guerra. Pero también sé que a veces, casi todas las veces, los pueblos que se levantan lo hacen porque los ha empujado a ellos cuando no se respeta sus derechos y sus libertades.  Para clarificar esto que digo, puedo poner varios ejemplos, primero, el caso de Cuba, donde una dictadura desgobernó y mancilló a ese pueblo hasta que por fin el pueblo no aguanto más y se dispuso a quitarse el yugo aunque fuera al costo de su vida.  Como  así fue, después de varios fallidos intentos, por fin el pueblo se liberó de esa dictadura.  Me refiero a la de Fulgencio Batista, cuando la revolución dirigida por Fidel Castro,  tomó el poder en 1959.  Ahora pregunto,  ¿Qué ha sucedido después de esa revolución?   Eso ya todos los sabemos. Igual que sucede con la revolución nicaragüense.  Ese pueblo sufrió por varios años una de las más férreas dictaduras.  También después de muchos fallidos intentos, logró liberarse de Somoza, en 1979. Y ¿qué sucede hoy en este sufrido pueblo? También eso sucedió en República  Dominicana, cuando al pueblo se le arrebató el primer gobierno elegido por la voluntad, después de treinta años de dictadura férrea.  El pueblo no aguanto mucho esas violaciones, esa burla y en 1965 se levantó a reclamar sus derechos.  Aunque este  pudiera ser un buen ejemplo, pues si hoy no hay guerrillas en República Dominicana, se debe a que allí aunque parcializada se llegó a un acuerdo entre los bandos en pugna.  Esa es una prueba de que la paz por la fuerza no perdura, porque esa sólo engendra odio. Otro caso es el de Chile.  Allí ese pueblo se dio un gobierno de doctrina socialista o comunista, pero ese fue el gobierno que el pueblo quería.  Pero Qué pasó en 1973?  A ese pueblo se le robo sus derechos, sus libertades, y por eso ahora ese pueblo se está levantando para recuperar su libertad perdida.  Pero se está esperando que allí suceda lo que sucedió en cuba o en Nicaragua, que el pueblo se cansó, se levantó y tomó el poder por la fuerza. Ahora yo  pregunto ¿qué sucederá si en cualquiera de esos casos que he mencionado,  el cambio se produce por la fuerza o una forma violenta? ¿No creen ustedes que sucederá lo mismo que hasta ahora ha estado sucediendo por largos años?  Sólo porque siempre se ha usado la fuerza, el engaño y la traición.  ¿Creen ustedes que si la revolución cubana, la revolución sandinista, o la dictadura Pinochettista caen por la fuerza, esos derrotados se van a cruzar de brazos? No, eso no.  Por eso es que no  creo en la revolución armada.  Aunque sé que casi todas las que ha habido han tenido su justa razón,  porque no le han dejado otro camino.

No creo que esa sea la solución a los problemas.  Esos muchos lo saben, pero no quieren reconocerlo, pues hacen como el avestruz, esconde la cabeza para no ver el peligro. Pero si queremos el bien de nuestro pueblo, y una verdadera paz,  tenemos que reconocer nuestros errores, respetar el derecho de los demás, permitir a las personas que piensen como ellos quieran y no querer que piensen como nosotros, porque creo que si usted es comunista el otro no puede ser socialista, o socialdemócrata.  Pues hasta que no aprendamos respetar el derecho ajeno no habrá paz en el mundo. Ya lo dijo Benito Juárez, "el respeto al derecho ajeno es la paz".  Creo que si analizamos el verdadero significado de esta palabra, y la pusiéramos en ejecución, no necesitamos nada más para tener paz, prosperidad económica y sociedad culta y obediente de las leyes, sin guerrillas ni grupo terrorista.

¿Por qué no hacerlo?  Si  no hay que gastar nada…

# *Intervención de Estados Unidos en nuestros países*

Intervenciones han habido muchas, pero vamos a referirnos a una en particular. Por ejemplo, el caso de Nicaragua. Este es un caso único hasta ahora, digo esto porque EU ha intervenido varias veces, pero con otros métodos, usando el estrangulamiento económico, minando las bases que conforman a esos gobiernos que no son de su simpatía o valiéndose de elecciones amañadas, y por último la intervención militar. Este nuevo recurso, creo yo en mí historial, es el primer paso que se ha dado como forma de intervenir en nuestros pobres países. Creo que sólo a Reagan y a su gobierno se le ocurre apoyar a guerrilleros contra un gobierno legítimo, contra un gobierno constituido. Aunque a Reagan y a su gobierno no lo vean así, sí lo es, porque en esas elecciones nicaragüenses participaron más de un partido. Como es bien sabido, esas elecciones sólo hubieran sido válidas para EU para Reagan y su gobierno, si el actual partido en el poder en Nicaragua hubiera perdido las elecciones. Se sabe que en El Salvador pasaron unas elecciones con una guerra declarada y nunca se oyó a Reagan o nadie de su gobierno decir que esas elecciones no eran válidas. Sabemos que Napoleón Duarte no es el presidente de El Salvador sino el gobernador nombrado por Reagan en Centroamérica y sólo porque ese es el que a Reagan le gusta y le conviene para proteger sus intereses. En Nicaragua no ha sucedido así, en Nicaragua existe un gobierno representante del pueblo, de ese pueblo que se tuvo que levantar en armas, ofrendar sus vidas, derramar su sangre con tal de conquistar su libertad.  Lo hizo y lo logró, pero ese pueblo no recordó o no pensó nunca que EU  no le iba a perdonar que le quitaran su presidente como lo era Anastasio Somoza, que tan tranquilamente le había impuesto a ese pueblo una dictadura alrededor de treinta años sin importarle el clamor del pueblo que sufría.

A Estados Unidos sólo le importa sus intereses y eso es lo que está haciendo en la actualidad, tratando de devolverle la paz perdida a esos pueblos, pero eso es un vulgar engaño, el más descarado engaño que sólo a Reagan, por ser lo que es un "Actor", se le ocurre que quiere devolverle la paz a esos pueblos, cuando todo el mundo sabe aunque no lo digan por temor a  E.U. y especialmente Reagan lo que busca es devolverle la esclavitud a esos pueblos y garantizar sus intereses, lo que él representa y para eso esgrime cualquier pretexto sea lo que sea.

 En este caso se aprovechó del poco residuo de los disgustados de la dictadura de su verdugo Somoza,  para presentarlo ahora al mundo y al mismo pueblo nicaragüense como defensores de la paz.

Paz que no la conocen a no ser por su nombre,  pues esto sólo conoce una paz y esa es la ley del garrote como lo fueron antes. Da pena ver como hay nicaragüenses,  como hay naciones que se dejan engañar y se prestan al juego engañoso de esos Somocistas y de Estados Unidos,  que los primeros son enemigos del pueblo y los segundos son enemigos de todos, pues sólo cuidan sus intereses como ya tantas veces he dicho.  Hay algo que esos países, que apoyan las pretensiones de Reagan se les olvida, que lo que hoy le está sucediendo al pueblo de Nicaragua mañana le puede estar sucediendo a ellos.  Digo yo que mientras E.U. sea  potencia no habrá paz en el mundo.

América Latina llora por falta de pan y libertad

# *Los conflictos y las guerras no son ideológicos*

Los conflictos y las guerras son comerciales. Como prueba de eso tenemos conflictos entre las religiones, partidos políticos, entre las uniones, asociaciones, sindicatos, gobiernos, es decir, hay conflictos en todas partes. Hasta hay conflictos personales y creo que son los únicos ideológicos, pero por ignorancia, porque no creo que pueda caber en la mente de un humano querer o creer que todos los demás piensen como él. Pues si lo cree así yo lo invito a que piense un poco y que se pregunte por qué en vez de yo querer que él piense como yo, no pienso yo como el? Y ahí tendrá la respuesta, de que cada uno piensa como piensa o como quiera pensar y no como otro quiera que piense. Como ya dije las guerras y los conflictos no son ideológicos, son comerciales. Porque las religiones quieren tener más creyentes para sus fines, los partidos quieren que sus partidos crezcan para sus fines y los comerciantes quieren tener más clientelas para sus fines comerciales. Por eso les disgusta ver a un competidor a su lado. Para clarificar esto que digo, les voy a exponer algunos ejemplos, imagínese usted que Puerto Rico diga que va a vender su producto a Cuba, a República Dominicana o a otro país porque le paga mejor que EU o que esto lo haga Honduras, El Salvador u otro país que gobiernen con democracia, la democracia que existe en este continente es la que EU quiere en este continente. ¿Qué cree usted que haría EU?

Creo que esos países pasarían a formar fila con Cuba y Nicaragua y no porque ellos lo quieran así, sino porque lo empujaron a eso.


Creo que el mundo sabe que cuando algún país ha querido dejar de vender algún producto a EU  estos han tomado represalia amenazando con hacer lo mismo con el  mencionado país que  ha querido vender sus productos a otro que se lo pague mejor.  Estoy seguro que si Rusia le vendiera sus productos a EU   al precio que ellos quieran y le convenga,  no habría amenaza de guerra o quizás no se mencionara tanto el comunismo, ni el capitalismo, porque de esa manera no habría ningún conflicto entre las dos que se disputan el control del mundo. Quiero dejar bien claro que siempre pongo como ejemplo a EU  no porque tenga nada que ver contra este buen pueblo, no, eso no, sino porque nosotros vivimos bajo la sombra de influencia de EU  y por tanto ellos son los que  nos afectan favorable o negativamente.

# *El terrorismo en el mundo*

El terrorismo es un método equivocado según mí forma de ver las cosas. Aunque sé que ese es el único camino que le dejan los fuertes a los débiles, aunque no lo justifico porque siempre o casi siempre lo que pagan son los que no deben nada o sea los inocentes, les voy a poner un pequeño ejemplo de por qué existe el terrorismo en el mundo, pues fíjese bien, qué sucede sí usted agarra una llanta de carro o bicicleta y la presiona más de la capacidad que tiene de aguante, qué sucede? De seguro que estallara, no por culpa del material sino por culpa suya que la presionó más de lo correcto o irresponsablemente, así sucede con el terrorismo, pues esos grupos que se organizan para actuar de tal manera siempre son personas frustradas no como persona sino en sus aspiraciones sean cuales sean; como una prueba palpable de esto que digo es, lo que actualmente vive el mundo, el mundo está viviendo un estado de terror donde distintos grupos actúan fuera de la ley y contra la ley, porque no tienen o no les han dejado otra forma de manifestarse o mejor dicho posibilidades de alcanzar sus objetivos, creo que si analizamos esto veremos qué tan culpables son unos como los otros, pero si analizamos esto con una verdadera justicia creo que los negadores, los usurpadores del derecho ajeno son más culpables, creen que deben recibir mejor pagó por su trabajo por su después de la negativa del patrón, estos se ven obligados a irse a la huelga para así poder lograr sus objetivos, así sucede con todos los asalariados con derecho a esa manifestación, la huelga y a veces hasta lo que no la tienen aunque corriendo el riesgo de perder sus empleos definitivamente, como sucedió aquella vez en que más de diez mil controladores y trabajadores aéreos se fueron a la huelga para reclamar beneficios que no tenían y le sucedió que  como por ley no tenían derecho a huelga se ignoró su justo reclamo y por orden presidencial fueron todos cancelados de sus puestos,  así sucede cuando fuerzas políticas se ven ignoradas, marginadas o reprimidas.  Estos apelan a cualquier medio aunque este sea el más dañino, sucio o cobarde, pero también es una suciedad, una cobardía el que un fuerte, sólo porque tiene poder usurpe el derecho ajeno, por ejemplo, sabemos que todos o casi todos los grupos terroristas conocidos, tienen un matiz político, como por ejemplo: actualmente en Chile,  a ese pueblo se le robó su libertad en 1973, ahora en 1986 hace trece años,  ahora ese pueblo lucha con las armas a su alcance para conquistar su libertad.  Igual sucede en El Salvador,  en el Líbano, en Afganistán, en la India, en España, en Inglaterra, en Alemania aunque por distintos motivos pero terrorismo al fin, igual sucede en Nicaragua aunque este último caso es digno de amplificarlo por su singularidad,  pues este terrorismo está  creado y dirigido  por los mismo elementos que dicen combatirlo en otra parte, ahora lo ejecutan contra un pueblo que ya cansado de la negación de sus derechos se levantó y derramo su sangre para poder lograrlo, mientras Reagan dice que le declara la guerra al terrorismo, ahora yo pregunto cómo le llamaría el presidente Reagan a esos grupos de mercenarios nicaragüenses que luchan contra el gobierno de Managua con apoyo político, logístico y financiero, dado por Reagan y el congreso de éste gran país, cuna de la democracia según ellos mismos.

Me gustaría saber cómo le llamaría Estados Unidos a esos mercenarios fueran por ejemplo, mexicanos o norteamericanos contra Estados Unidos. Creo que Reagan y al congreso le llamarán terroristas, locos desesperados mercenarios, guerrilleros, comunistas o quién sabe qué, menos defensores de la paz. Lo que sucede es que actualmente en el mundo se está poniendo en práctica el proverbio aquel que dice:

"Que las cosas son del color del cristal con el que se miren".

Norma Santana

# *El holocausto y el pueblo escogido por Dios*

Desde que el pueblo hebreo salió de Egipto en tiempo antiguo y pastoreado por Moisés y Aarón su hermano y guiado por Dios según la Biblia, este pueblo ha sido considerado como un pueblo sufrido o un pueblo víctima, aunque es bien sabido que este pueblo de ahora ya no tiene nada que ver con el antiguo pueblo hebreo, pero es bien sabido que todavía a ese pueblo se le considera el pueblo escogido por Dios.  Eso lo creen una gran cantidad de creyentes y quizás ellos mismos, pero sea así o no particularmente yo no creo así.  Es decir, que ellos hayan sido el pueblo escogido de Dios.  primero no creo que Dios siendo un Dios, como yo lo creo se iba a parcializar o a discriminar en perjuicio de su propia obra o creación pues la discriminación sólo cabe en la mente humana y aunque dicen que nosotros somos semejantes a  Dios,  yo creo que esa semejanza será sólo de imagen, pero no de sabiduría, poder o caridad,  pero vamos a suponer que en verdad Dios eligiera a Moisés en su presión para que el Faraón dejara salir a los hebreos y que además lo guiara por su recorrido en el desierto, que le diera agua, pan y todo lo demás pero eso no quiere decir que Dios se parcializara con ellos en desmedro de las demás creación humana, no, eso no, yo no creo así. Creo que si eso sucedió así, fue sencillamente por motivo  y causa,  es decir, en ese entonces a ellos fue a quien les toco ser esclavizado y como es natural tuvo que interceder por ellos,  pero eso puede haber sido por los mismos egipcios, si en caso contrario hubieran sido los hebreos los esclavizadores y los egipcios los esclavizados. Yo creo que si en alguna parte del mundo se comete algún crimen o injusticia creo, que hasta nosotros los humanos solo veríamos a que raza pertenece sino que se haría justicia al que  verdaderamente la necesita.  Si nosotros los humanos actuamos así, como podemos creer que Dios se iba a poner de un lado y en perjuicio del otro sólo porque él haya escogido a alguien, no, yo no creó así, sencillamente solos somos creación.

Todo este relato ha sido sólo la base de lo que quiero decir acerca del pueblo escogido de Dios y el holocausto. Creo que todo el que haya leído la Biblia y especialmente los libros segundo, tercero,  cuarto y quinto de Moisés se habrá dado cuenta como fue la vida de este pueblo desde que, Moisés fue rescatado de las aguas,  pues si usted no lo sabe, le diré que ya grande, Moisés mató a un egipcio que golpeaba a su hermano,  motivo por el cual tuvo que huir por temor a ser apresado.  Según la Biblia en esa huida fue donde Moisés recibió la visita u orden de Jehová para que fuera a Egipto donde el Faraón y le predicara diciendo que dejara salir el pueblo hebreo o israelitas y que de no hacerlo recibiría el castigo de Dios o sea el  Dios de Moisés.  Pues así fue, según la  Biblia.  Después que  el Faraón y su pueblo recibieron varios castigos,  este al fin dejó salir al pueblo hebreo, así que estos emprendieron un largo  viaje, después del paso del Mar Rojo, trayecto este que según la Biblia alcanzó unos cuarenta años pues aunque no creo que haya una seguridad de, qué cantidad de tiempo era un año en esa fecha,  se supone que era un largo tiempo.  Así que los hechos que aparecen en la Biblia dejan bien claro que ese pueblo nunca ha sido un rebaño de mansas ovejas,  pues la historia  bíblica lo cuentan así en su recorrido por el desierto, estos arrasaban con todo lo que encontraban a su paso, es decir destruían pueblos enteros matando hombres, mujeres y niños y llevándose consigo todo lo que le sirviera a ellos.

Se apropiaban de las propiedades ajenas, pero para eso tenían que matar a todo ser humano. Dígame ¿cómo le llamaría usted a este ajusticiamiento o saqueo? Yo diría que saqueo aunque ellos y la Biblia dicen que ellos obedecían el mandato de Dios. Pues yo no creo que esa fuera la forma que Dios usara para castigar hombres, mujeres e inocentes niños que no creo tuvieran nada que ver con la maldad de su padre sí era que Dios lo castigaba así por su desobediencia, si era así como dice la Biblia parece que se repitió lo que sucedió al principio que pagaron justo por pecadores, es decir según la Biblia nosotros, los llamados humanos, fuimos castigados a sufrir y morir por el sólo hecho de que Adán y Eva le desobedecieron a Dios. Parece que el precedente del principio se repitió muchos siglos después, pues según Moisés esa gente no creía en Dios o no eran escogidos de él. Jehová había escogido al pueblo hebreo o israelita y cuando fue a castigar a los culpables también pagaron los inocentes, pues no creo en mí forma de ver las cosas que esos niños que también morían eran culpables de algún hecho, pues aunque no soy nadie para saber lo que está bien o mal tratándose de la voluntad de Dios de todas manera yo me pregunto. Qué diría usted si llegara un asaltante o un grupo de personas, mata a todo el mundo en la casa de su vecino o se llevan consigo todas las pertenencias que le sirva de algo, creería usted que ese vecino fue castigado por Dios o que por lo menos esos asaltantes estaban dirigidos por Dios? no lo creo así. Estoy seguro que usted diría que eran ladrones sin conciencia, pero nunca creo, diría usted, aquí actuó la mano de Dios. Así de casos como este que acabo de ilustrar están llenas las páginas de La Biblia y así ha sido la historia del pueblo hebreo.

Creo que sí han tenido algún sufrimiento como la esclavitud en Egipto y el holocausto en Alemania ha sido pagando algo que ya habían hecho tal como nos sucede a nosotros o a todos en este mundo.  Por ejemplo, tenemos el caso del holocausto como se bautizó la masacre que se cometió contra esa raza en Alemania, algo que no debió suceder contra ellos ni contra nadie,  pero si no me equivoco creo que eso fue en plena guerra mundial,  entonces yo pregunto Qué podemos decir contra el holocausto que se cometió contra indefensos ciudadanos en los campos de Chatila que murieron hasta los que no querían morir, pues una parte de los que allí murieron eran enfermos hospitalizados. No, eso no fue un holocausto porque ese fue cometido por el pueblo escogido de Dios así como todos los holocaustos que cometieron sus antepasados en los tiempos antiguos,

Parece que en este mundo, la justicia estuviera parcializada porque el holocausto de Alemania hace ya cuarenta años y todavía se persigue a aquellos que tuvieron algo que ver en tan horrendo crimen, pero el holocausto que se cometió en 1983 ya ese ni se comenta, mucho menos se va a perseguir a los culpables.  ¡Ahora puede ser por respeto al pueblo escogido de Dios!  Además que si Dios se parcializo en los tiempos antiguos, por qué no parcializarse  la justicia de los hombres en los tiempos modernos? En 1986 al final del siglo xx.  Sucede que  ese apoyo de Dios al pueblo escogido sólo estaba en la mente de los que llevan a cabo el proverbio que dice

"que las cosas son del color del cristal con que se miren".

¡Ah!  Que proverbio que dice tanta verdad.

# *El problema de las drogas*

Varios países de nuestros continente se ha convertido en importadores y productores de distintos tipos de drogas, otra parte de nuestros países, el que no la produce se ha convertido en consumidor, otros como puente para el tráfico, lo que quiere decir que todos o casi todos están involucrados en esté terrible flagelo donde traficantes se convierte en millonarios de la noche a la mañana. Mientras que adolescentes, jóvenes e inocentes caminan hacía la tumba.

Desde hace varios años se está tratando de eliminar esté problema o por lo menos controlarlo, pero ninguna de las dos cosas se ha podido hacer, al contrario el problema ha ido en aumento, ya el caso es tal que cada día se buscan nuevas modalidades y cada vez más peligrosas para la salud del que la consume como ejemplo, tenemos el caso del Crack en 1986, esta una versión o derivado de la cocaína o según ellos es mucho más tóxica y produce adicción con mucha mayor rapidez, sino me equivoco creo que esta versión del Crack sólo se está usando en EU , es decir, que no creo que este sea un invento de los países que la producen sino, del ingenio de los expertos traficantes estadounidenses o quizás los mismos consumidores ya deseosos de llegar más pronto a la tumba, si es que se les puede llamar así, pero hay algo que es bueno hacer notar y es que si no me equivoco creo, que en esos países donde se produce la droga, esta no es consumida por ellos y sí acaso lo es, es en un por ciento muy bajo.

Pues siempre he oído esos países quejándose de la gran producción, pero nunca he oído hablar del alto consumo de esta, ahora de nuevo vuelvo a hacer notar algo muy singular o especial en una pregunta. ¿Por qué  en esos países productores no se consume a la medida que se consume en esos países no productores?  Por ejemplo el caso de E.U. pues si mí estadística no me engaña este es el país mayor consumidor de todos los tipos de drogas habidas, creo que esta es una pregunta que merece un análisis,  pues no se explica que en un país donde no se produce  un producto, consuma más que un país productor o no se puede argumentar que es por falta de recursos para adquirirlo, pues el productor no tiene necesidad de invertir para adquirir  por el hecho de este ser productor,  yo creo que  no hay que investigar mucho para hallarle una explicación a esto, por tanto, mí conclusión es que parece que la bonanzas o la abundancia dan pie a la corrupción y al libertinaje.  Digo esto porque no creo que sea por el bajo nivel educacional pues las estadísticas  indican un  alto porcentaje de gente profesionales y ricas que  trafican y la consumen.

Ahora quiero hablar del motivo por el cual ese flagelo se las drogas se expande y se acrecienta cada día más en vez de disminuir,  pues como ya sabemos el  gran esfuerzo que hacen las autoridades de este país para erradicar esté vicio, pues sabemos que  en esa cruzada trabajan casi todo los cuerpos capacitados para el asunto, hasta el  presidente del país ha hecho mucho en el asunto,  pues este ayuda a otros países o gobiernos para que este ponga manos dura contra la exportación y producción de está,  pero por mucho que se ha hecho y que se haga no se llegara a nada, porque este es un negocio muy millonario y por tal sentido esas gentes tienen una gran influencia,  es decir pueden hasta comprar conciencia pues para darse cuenta de esto sólo habría que hacerse una pregunta.

Como se explica que una superpotencia como EU con una de las tecnologías más avanzadas no pueda detectar un barco, un camión o un avión cargado de drogas; entonces ¿se podría pensar que E U puede ser invadido con mucha facilidad? Pero se da el caso que eso no es cierto, lo cierto es que esos traficantes de estupefacientes tienen muy buenas conexiones con las autoridades o algunas de las encargadas de la seguridad de este país y por tanto esos traficantes tienen las puertas abiertas para sus transacciones.

Eso lo saben los altos dirigentes de éste país pero por algo que no se sabe, no lo dicen, por tanto creo que no es verdad que en este país estén interesados en eliminarla y si alguien lo está, serán los que no tienen al frente el control de la misma, otra cosa que quiero aclarar es que aquí para erradicar las drogas lo que tiene que hacerse, es poner en práctica el proverbio que dice:

"Que para matar la culebra se le da en la cabeza".

Creo que este proverbio hay que aplicarlo a la inversa es decir, que en vez de matar la culebra por la cabeza, en este caso, debe matarse por la cola digo esto porque en este caso para matar la culebra por la cabeza a este país como a los otros que no son productores sino consumidores se le hace muy difícil sencillamente porque esa cabeza son los productores y traficantes, como si dijéramos que es una culebra de dos cabezas. La dificultad para darle a la culebra en la cabeza está en que los productores están fuera de

control de EU  y de otros países consumidores y los traficantes son muy poco, es decir, si lo comparamos con los
consumidores, por tanto son más difíciles de capturar,  estoy seguro que  muchos creen y dirán que por ser menos
son más fáciles de capturar y eliminar pero yo no lo creó
así, porque sencillamente el  traficante es  la  persona que
recibe cierto apoyo o respaldo de alguna de las autoridades
de este país,  para que  ellos puedan introducir su contra-
bando de drogas,  pero el consumidor no tiene ningún respaldo de las autoridades o sea de algunas autoridades porque sabemos que no todos son cómplices de esto,  pero
también debemos estar bien conscientes de que algún apoyo existe para que  aquí puedan entrar tantas drogas como
la  que  a  cada rato capturan,  pues si  en verdad ese apoyo
o esa complicidad no existieran yo diría que  cual es la
seguridad de este  país?

Pero volviendo al  plan de erradicación o disminución del
tráfico del consumo de drogas.  Yo sigo creyendo que  el
mejor medio sería que  con el   dinero que  se gasta dando
ayuda a  otros países productores de la misma lo mejor sería que  se acondicionara una isla desierta y despoblada
para que  se construyan facilidades para encerrar a  unos
cuántos miles de consumidores y que  a  los demás culpables con pena de varios años a  pena cumplida sin fianza y
sin palabra.

Estoy seguro que si hicieran así desaparecen  los productores, los traficantes y los consumidores,  pues voy a
poner un pequeño ejemplo, imagínese que  usted siembra
melones, papas, cebollas o x producto, sabemos que cuando
alguien produce algo lo hace con la  esperanza de que  se
va a  vender, pero ese artículo o producto, producido por
usted pasa a  un mayorista que  este viene siendo el  alma-
cén,  de ahí el  producto pasa al detallista que  es la bodega
o el  supermercado, ese viene siendo el  pequeño distribui-

dor, dígame que haría usted si una bodega o un supermercado pone un artículo y no se lo compran, estoy seguro que esa bodega cerraría o deja de vender ese producto, eso mismo sucedería con los productores, traficantes y consumidores, pues nadie produce nada que no tenga venta a no ser un producto para consumo propio y este no es el caso, yo creo que en este país el congreso y los altos dirigentes, si, quieren que este país no se hunda en el fango de la corrupción deben crear leyes ejemplarizantes, leyes que en verdad den seguridad y garantía, que se respeten las ,o dígame usted Qué se le hace a una persona que se ha hecho de una millonada fácil y que se le ponga una fianza de $80,000 u $ 500,000 dólares esto viene siendo nada si esa persona sabe que estando en la calle sabe que eso es cosa de un mes o un par de semana, estoy seguro que cuando vayan a la prisión los primeros 1,000 consumidores y castigados como ya dije, comenzarán a disminuir los productores, los traficantes y distribuidores y como es natural los consumidores. Aquí hay que dejar de estar ofreciendo programas de rehabilitación para drogadictos, aquí lo que hay que hacer es dar ejemplo con leyes severas con la que ya dije sin fianza y sin bajo palabras, sino pena cumplida, pues con ya dije que los primeros mil que caigan serán los embajadores de las leyes, las autoridades deben de saber que eso que las usan no son dementes, no eso no.


Lo que sucede es que no le tienen miedo a las leyes porque son muy complacientes. Ahora, si se sigue actuando como hasta ahora se ha hecho, esperemos a ver quiénes serán los hombres del mañana o ¿es qué no se ha pensado en eso?

# *El presidente Reagan no respetó a su pueblo*

Si analizamos sin fanatismo los hechos que han sucedido desde 1980 hasta 1988 veremos que este hombre no tuvo ni ha tenido respeto por su pueblo, digo esto, porque todos sus años como gobernante de EU En ese país se vivió en ferviente dramatismo de palabreríos, amenazas, demostración de fuerza, repudios a sectores que especialmente Reagan dice son incompatible con ellos, pero a todo esto se le puede llamar por varios nombres, esos nombres son: demagogias, mentiras, engaños, y burla a esa gran nación EU

Como prueba de esto tenemos el caso de la ridícula invasión de la pequeña isla de Granada en 1983 y el ataque a Libia en 1986. Creo que a todo esto se le puede llamar irrespeto al pueblo, a un pueblo digno de más respeto pues se trata del país anfitrión de la democracia, de la justicia, de rectitud y de la paz según ellos mismos. Pero la peor burla y falta de respeto a este país y a su partido fue el caso llamado Irán Contra, también en 1986 cuando el gobierno de Reagan le vendió armas al país de Irán tratando de conseguir la libertad de unos rehenes estadounidenses que habían en el Medio Oriente (Irán) Todo esto se hizo a escondidas del pueblo, violando las leyes de su propio país. Pues en ese tiempo había una ley congresional que prohibía la venta de armas o tecnología estadounidense a Irán, esa prohibición existía desde que el presidente Carter el jefe de la nación , pero no conforme con todo esto el presidente Reagan sigue subestimando la credibilidad de EU y después de varios meses de silencio reapareció el 4-3-87 ante la pantalla de televisión diciendo que él ignoraba lo que se estaba haciendo, es decir que el jefe de la nación, el gobernante de la nación ignoraba que lo que en principio él apoyo con un acercamiento al gobierno iraní después degeneró convirtiéndose en un canje de armas por rehenes.

En esa misma conferencia el presidente Reagan aceptaba haber hecho cosas que antes habían negado como la participación de Israel como intermediario en esas negociaciones o canje de armas por rehenes, también se negó hablar de los fondos que fueron a parar a manos de Los Contras que en la actualidad luchan contra el gobierno de Nicaragua y que en efecto son apoyados, dirigidos y financiados por la administración de Reagan especialmente por el Presidente Reagan.


¿Cree usted en la sinceridad del gobierno cuando dice que desconocía el desvío de fondo a una causa que él apoya, dirige y financia? No, eso no se le puede creer. Por tanto es que creo que este señor ha irrespetado a su pueblo y a la opinión pública internacional.

Creo que sí este señor tuviera respeto por su pueblo y por la opinión pública internacional este señor debió admitir su error o fracaso y renunciar a la presidencia como una forma de recompensar al país por todo el daño ocasionado o como forma de demostrar un poco de respeto al pueblo, ya que no lo tuvo al violar sus leyes, pero eso no sucede así.

En esa rueda de prensa Reagan sigue mintiéndole al pueblo, irrespetando a su pueblo con tal de seguir al frente de la cosa pública sin importar el  daño que  hace a  su  Partido Republicano y a la institucionalidad de su país EU   Creo que  eso tiene sólo dos nombres: ambición de poder y falta de respeto a  su pueblo.

Norma Santana

# *Segregación racial*

La segregación racial, discriminación o como se le quiera llamar,  más bien yo le llamaría esclavitud,  pues algo que  se impone por la fuerza y contra la  voluntad del segregado, discriminado o esclavizado es   algo vergonzoso que  a  final del  siglo veinte exista este hecho.  Pero lo que es cierto, es  que  hay esclavitud, segregación o discriminación en todas partes y por todas partes,  pues se discrimina por color, raza, posición económica, por ser feo, chiquito, tuerto, gacho, etc.,  cuando se llega al colmo de la más flagrante violación de esos derechos que  debe tener todo ser humano,  es cuando las autoridades que  deben ser los responsables de hacer respetar esos principios, son ellos mismos lo que   se encargan de ignorarlo y violarlo.  Caso como el que está pasando actualmente en Sudáfrica, no debieron nunca ocurrir,  mucho menos en 1986 a final del siglo veinte, cuando hay organizaciones que  dicen ser defensoras de esos principios o derechos.  Lo peor de todo y lo más doloroso es  ver como países que  dicen ser defensores de esos principios o derechos,  que  dicen ser demócratas, sólo ven esas violaciones cuando a  ellos les conviene.  Caso; por ejemplo, EU  dice que  esa y otras libertades han sido abolidas o restringidas en Cuba, Nicaragua y otros países. Hasta ha llegado a  implantar sanciones contra esos países, ese mismo país  que establece sanciones disciplinarias contra esos países, hoy se hace de la vista gorda ante  las más deshumanas  y  crueles  violaciones  de  esos  mismos  principios.  Me refiero al caso de Sudáfrica donde por largos años existe un gobierno de minoría blanca en franca violación de esos principios. Como es  bien sabido, el negro no tiene derecho de elegir o ser elegido.  Lo que  quiere decir que no tiene derecho al voto, porque de tenerlo ellos fueran los que  gobernaran,  pero por desgracia esa desdichada mayoría, quizás por ser negros y pobres no tienen el  apoyo que necesitan  para que,   esa minoría blanca respete sus derechos y sus libertades como ser humano que  son, sin importar el color,  posición económica o lo que  sea, sino,  que ellos son sudafricanos también y por tanto tienen el  mismo derecho que  los blancos.  Pero no sucede así, porque como siempre he dicho las guerras no son ideológicas, sino son comerciales.  Esto es una prueba más,  pues estoy seguro que si EU  y Gran Bretaña no tuvieran tanto intereses en ese país y con tan buen representante,  como lo es Peter Willian Botha, ya ellos hubieran sido los primeros en sancionarlos.  Pero a Margaret Thatcher ni  a Reagan les importa lo que le pasa a  este sufrido pueblo,  pues sus intereses no están en peligro.  Si algún día Margaret Thatcher o Reagan ven ponerse en peligro sus intereses, entonces saldrán como héroes o benefactores a defender su pueblo.  Eso sólo será una forma de congraciarse con el pueblo, para que creyéndose  ayudado les sigan respetando sus intereses.

Eso no se sabe cuándo se producirá, pues esos dos colosos del imperialismo y capitalismo están observando todos los movimientos para no dejar que  el  pueblo tome el  poder sin su ayuda, sin su ayuda  porque de ser así, sus intereses no estarían garantizados.  Mientras tanto a  ellos le importa muy poco lo que  le suceda al pueblo que  derrama su sangre y se llenan de mártires, tanto que  no le podrán honrar,  porque de ser así, no habría días laborales en el año. Yo diría que hay que ser materialista desalmado, deshumano, ajeno al dolor del prójimo para poner oídos sordos al clamor del  pueblo sudafricano, que pide ayuda para su causa. Pero su voz no se oye, pues lo que tiene poder y fuerzas para ayudar a este sufrido pueblo, ponen oídos sordos a ese clamor, porque ante nada están sus cuantiosas inversiones y el punto comercial. A parte de que Pieter Botha es un aliado incondicional de esas potencias, y por tanto, no pueden ni deben degustar hasta que no se llegue la hora de que el pueblo tenga la fuerza necesaria para tomar el poder por su propia cuenta. Sólo cuando esto suceda, entonces EEUU y Gran Bretaña se pondrán de parte del pueblo o sea se adelantaran al pueblo para tratar de dejar a alguien en el poder que sea un genuino representante de sus intereses. Ahí harán lo mismo que ha hecho en otros países como por ejemplo: el caso de Haití que por largo años les impusieron al pueblo un gobierno de oprobio, sin importarle el dolor del pueblo. Sólo cuando vieron al pueblo dispuesto a tomar el poder por la fuerza, entonces ellos con su demagogia les hicieron creer al pueblo que se habían puesto de su parte, pero sólo para calmar la ira del pueblo y así poder dejar en el poder a Duvalier sin Duvalier, pero tan representante de sus intereses como el anterior. Esa es la paz y la democracia que a EU le gusta en su continente. Digo en su continente, porque así lo creen ellos.

# *El caso Irán - Contra*

El caso Irán Contra como se ha llamado debería abrirle los ojos al mundo para darse cuenta que a EU es mejor tenerlo como enemigo, pues la filosofía de este imperio ha sido la de usar un arma de doble filo si se puede explicar así, pues no sé cómo lo llamarían los analista políticos a los últimos acontecimientos que se han publicados sobre el juego sucio que ha llevado a cabo E U. en el Medio Oriente, y quién sabe sí también lo esté planeando contra sus más cercanos aliados Israel y Gran Bretaña.

Actualmente, en noviembre y diciembre de 1986 se está descubriendo que E U. le está vendiendo armas a Irán para que esos fondos fueran a pasar a manos de las facciones rivales que actúan por el poder Irán, lo que quiere decir que por un lado le hacían creer a Irán que lo estaban ayudando en su guerra contra Iraq, pero lo que hacían era tratar de socavar el gobierno para poner en su lugar a un nuevo Cha, títere representante de sus intereses, pero no sólo se conformaban con eso, sino que se supo que por otro lado le daban información secreta a Iraq para su lucha contra Irán. Ahora yo me pregunto, de qué lado está EU creo que eso, ellos sólo lo saben, pero si hay algo de lo que todos podemos estar seguro, es que EU siempre lleva la de ganar. Esto lo digo porque esa ha sido la política que ha llevado a cabo este país de crear conflictos para sacar ventajas, le sacan hasta los mismos conflictos que están contra ellos. Como ejemplo le pondré sólo un caso porque no tengo pruebas, pero este último hecho me da pie para pensar así, pues yo diría qué quién sabe si cuando EU estuvo en guerra con Vietnam no estuviera vendiendo armas a los dos bandos. Sí, a los dos bandos, porque debemos saber que uno de los productos principales de importación de este país son las armas de guerra y esa era una forma que podía salirle más barata las guerras que estaban manteniendo en Indochina fuera de su frontera, pero defendiendo su soberanía como siempre. Ese mismo caso puede estarse dando en Nicaragua, Honduras, El Salvador y los países que dicen por boca de EU que su soberanía está en peligro por la revolución sandinista.

Por eso yo creo que los países que no fabrican sus propias armas debieran tener mucho cuidado para que no lo usen como chivo expiatorio o como carne de cañón donde sólo sale ganancioso los capitalistas estadounidenses y especialmente los que viven de comercio y la fabricación de armas, pues debemos estar bien claro que si no se muere nadie el fabricante de ataúd no vende, y su negocio caería, así sucede con los países fabricantes de armas, que si no hay conflicto en el mundo y este vive en paz no podrán vender su producto, motivo por el cual tendrán que hacerle propaganda y esa propaganda se hace creando e inventando conflictos para que los necesitados o asustados tengan que salir en busca de esas armas. Debemos saber que a esa gente no le importa que haya guerras donde mueren millones de personas entre ellas mujeres e inocentes niños, menos le importará un país pobre como Nicaragua, como El Salvador, Honduras y Guatemala se mueran de hambre porque el gobierno tiene que invertir en armas lo que pudiera invertir en alimentos, medicinas, educación, agua potable y reforma de la agricultura. Creo que nuestros pueblos deben estar bien alerta para no dejarse engañar especialmente los dirigentes políticos que deben aprender a ser más patriotas, más nacionalistas y no dejarse engañar por estos maestros de la traición, el engaño, la burla y el abuso.

Ojalá que nuestros dirigentes políticos despierten si es que están dormidos porque yo creo que países como Honduras, El Salvador, Costa Rica y otros países debieran pensar que lo que hoy le sucede a Nicaragua les puede suceder a ellos.

Con la sola diferencia que quizás cuando eso le suceda a uno de esos pueblos, como por ejemplo el caso de Honduras ya no estará en el mando José Azcona Hoyo ni en El Salvador José Napoleón Duarte y así sucesivamente, como ahora no lo está Suazo Córdova en Honduras ni Monje en Costa Rica, con esto quiero dejar bien claro que el hombre pasa pero los pueblos quedan con su nombre, su historia y su vergüenza. Vergüenza que la llevaran y la pagarán las futuras generaciones. Es increíble ver la desvergüenza y el descaro que tienen los representantes de la administración Reagan, digo esto avalado por las declaraciones del señor Robert Mcfarlane cuando era interrogado el día 5-13-1987 cuando en su declaración dijo que el Congreso era el único responsable de que ellos o el presidente Reagan hubieran tenido que buscar dinero de fuente externa o terceros países para así no violar la prohibición congresional ni tampoco dejar huérfano a los contra.

Yo creo que a este país EU no lo volverá a gobernar jamás un gobierno como este, pues creo que este es inimitable o incomparable pues creo que sólo a esta gente se le ocurre violar la  ley y después ellos mismo los violadores acusan la ley de culpabilidad por su violación. Pues  creo que sólo así se le puede entender las declaraciones de este señor McFarlane  pues al culpar al congreso del hecho, es igual que si culpara la ley, pues creo que los congresistas son los arquitectos de las leyes pero sucede que  para la administración Reagan sólo ellos y nadie más saben cómo deben hacerse las cosas.  Por eso ellos cuando pierden por la  razón y las leyes entonces ganan por traición y engaño.


El señor Mcfarlane se fue tan lejos ese día que dijo que EU  no puede permitir un régimen comunista más en su patio, refiriéndose indirectamente al pueblo de Nicaragua, agregando que  si eso sucedía así, EU  dejaría de ser potencia.  Yo creo que si el mundo y especialmente Latinoamérica analizan bien está palabra se darían cuenta que  todos nuestros países no son más que estados de estado unidos, con la desventaja de que somos explotados, humillados y esclavizados por no ser estadounidenses.  Digo esto porque el señor Mcfarlane considera a Nicaragua, a Cuba y a otros países como el patio de su casa como si nosotros fuéramos un estado de Estados Unidos donde no hay un presidente con determinación, sino un gobernador estatal y un gobierno federal en Washington. Creo que si los países latinoamericanos y los llamados presidentes de esos países analizaron bien esas declaraciones del día 13-5-1987 del señor Mcfarlane deberían quejarse ante la embajada  de EU acreditada en cada país por haber sido intervenido verbalmente por el señor Mcfarlane porque eso y no otra cosa fue lo que  hizo ese señor al llamar patio de EU  a países que se creen que son libres con autodeterminación como lo tiene EU  pero lo que pasó fue que  el  señor Mcfarlane se confundió al hablar y por decir que si EU  permite que se establezca más sistema comunista en su patio dejará de ser imperio y dijo que dejaría de ser potencia.

Pues creo yo que si para que EU sea superpotencia nosotros tenemos que ser esclavizados, explotado y humillados habría que pensar que nosotros somos los únicos perdedores y habría que comenzar a pensar en serio en nuestra independencia pues creo y no creo sino estoy seguro que en este continente el único país que está libre, que se independizó políticamente de Gran Bretaña fue EU digo políticamente porque económicamente sigue dependiendo de nosotros los Estados Unidos Latinoamericanos, el patio de ellos según Robert Mcfarlane, pues sus palabras dejaron bien claro que si ellos son imperio o superpotencia o como se le quiera llamar es por nosotros los países latinoamericanos. Ahora ya se sabe que la lucha es fuerte y cerrada porque el campeón no se dejará arrebatar la faja, el cinturón, la corona o el campeonato de imperio más grande del mundo así por así. A ellos no les importa que caiga quién caiga con tal de mantener su hegemonía de superpotencia. Lo lamentable de todo esto es el maltrato que nos da el mal padre o tutor.

Ya que esta ha sido una paternidad impuesta, digo que es lamentable el maltrato que recibimos pues siendo nosotros el patio de ellos sólo lo somos en lo que a ellos les interesa, pero en lo que a ellos no les interesa somos independientes, hasta llegamos a ser sus enemigos un peligro para ellos, una prueba de eso es el caso de la deuda externa nos exige hasta el hambre como pagó de sus intereses y cuando ellos quieren proteger su mano de obra, entonces recurren al congreso, a ese congreso que el señor Mcfarlane culpo por no haber dado los fondos para intervenir en un país que creíamos era libre. Pero la noche del 13-5-1987 el señor Mcfarlane dijo que somos el patio de EU a ese congreso apela la administración de EU para cortar el látigo con que nos obligan a salir de su casa para que volvamos a refugiarnos al patio de donde salimos en busca de una migaja de pan semejante al perro que cuida la casa del amo, Pero que en el día de banquete este no tiene lugar y es echado fuera con la diferencia que las migajas que nosotros recogemos es una pequeña parte de la fortuna que se nos ha arrebatado, con la que ellos han llegado a ser superpotencia o imperio.

Pero a EU no le da pena ver como hay personas que lloran que lo dejen recoger esas migajas que ellos cuando le sobra dejan caer, no eso no, pues a ellos eso les conviene pues así ellos hacen ver a esos países que sin ellos no podemos vivir, por eso da vergüenza y rabia ver a gente como Adolfo Calero, el señor Chamorro como el señor Edén Pastora aliarse a sus enemigos comunes para luchar contra sus hermanos de raza, costumbre e idioma. Igual sucede con los cubanos que se olvidan que EU los invadió, lo ha esclavizado por medio siglo por medio de oprobiosa dictadura y lo ha desfalcado como a todo el continente. Creo yo que si esta gente tuviera dignidad o vergüenza fuera mejor buscar ayuda en otro lado o aceptar cualquier régimen ante que aceptar ayuda de EU porque EU anda buscando una cosa y los cubanos y los contras buscan otra cosa, digo esto porque los contras y los cubanos están luchando para establecer un gobierno de su simpatía, el gobierno de su agrado, Pero EU lucha por establecer un gobierno que represente a sus intereses, creo que fuese bueno que esos inocentes que ofrendan su vida y quitan la vida luchando por establecer un gobierno de su simpatía, se dieran cuenta que ellos lo que están es luchando para dar a EU un gobierno que  le represente sus intereses,  pero se da el caso que  los que  ofrendan su vida en aras de ese falso ideal aunque llegan a  ganar no se beneficiarían de nada. Es decir los que  sobrevivan el conflicto pues creo que  si llegaran a triunfar sólo los que están en Honduras, en Panamá, en Costa Rica y en Miami con oficina y aire acondicionado son los que  se beneficiaran de ese conflicto pero los que  están con la  ametralladora en la mano los que mueren sólo serán alimentos para los gusanos.  Creo que los que están en esas oficinas como ya dije no tienen que esperar ganar ese conflicto porque ya ellos están obteniendo su fruto, se están haciendo millonario con los dólares de los estadounidenses,  digo de los trabajadores estadounidenses porque  son los que  pagan impuesto insoportables para que  el  gobernante de turno en la Casa Blanca aliente guerras, derroque gobiernos y cometa holocausto en todas partes de mundo.

# *Problema Chileno*

En 1970 el pueblo de Chile se dio un gobierno de doctrina socialista. Ese gobierno fue elegido democráticamente por la voluntad del pueblo en elecciones libres y limpias tal como a EU dice le gustan que se gobierne en los países vecinos con los que comparte el continente, hasta ahí todo va bien, pero qué pasó en 1973 cuando Salvador Allende fue derrocado en un golpe militar que no sólo le costó al pueblo su democracia o el gobierno que ese pueblo se había dado, sino que tambtén perdió la vida su presidente. El hombre que ellos querían que los gobernara. Todo eso sucedió así porque ese era el gobierno del pueblo Chileno y no el los intereses norteamericanos, por eso la CIA con el apoyo de la Casa Blanca y el indigno títere de Pinochet planearon y llevaron a cabo el derrocamiento del gobierno y el asesinato de Salvador Allende desde entonces y hasta ahora 1986, EU calladamente ha mantenido a su representante en el poder sin importarle la cacareada democrática ni los derechos humanos que tanto quiere defender en otros países donde los que gobiernan son los representantes del pueblo, pues ya sabemos que EU le importa muy poco el bienestar de esos pueblos, a ellos sólo les interesa el bienestar de sus pueblos, sus intereses, por eso da vergüenza y rabia ver que existan Pinochet, Jean Claude Duvalier y Fernandino Marcos, pues eso sólo son y fueron gobernadores de EU fuera de sus límites territoriales. Ahora voy a repetir algo que ya antes había dicho en esta misma página y es que EU mantiene subestimado políticamente a esos pueblos donde ellos les han impuesto esos títeres, eso se manifiesta en medir la  resistencia de sumisión de esos pueblos pero cuando ellos ven que  ya el pueblo no aguanta más se ha dispuesto a  tomar el  poder por el  único camino que  le dejan es (la fuerzas),entonces estados unidos sale como benefactor sale a defender al pueblo,   pero eso es sólo un engaño, un vulgar engaño,  pues eso sólo es  parte de sus planes  para ganarse la  simpatía del  pueblo que creyéndose ayudado, sigue apoyándose en ellos,  pero siendo así ese pueblo está cavando su propia tumba porque EU no defiende a  nadie, sólo, a sí mismo y a sus intereses. Actualmente, en el mes de agosto de 1986 cuando las cosas están cambiando en Chile para Pinochet, se ha descubierto un plan secreto de EU  para que Pinochet  salga del  poder con dignidad sin poner en peligro los intereses de ellos y quién sabe si los mismos intereses de Pinochet que debe de ser una gran fortuna robada a ese pobre pueblo. Así  que sólo ahora porque ya vieron al pueblo cansado de tanto abuso,  pero determinado a salir de Pinochet, ya se supo que un coronel que fue secuestrado por los grupos dispuesto a  quitarse esa pesadilla de encima, según informes este llevaba en su maletín  un documento que  decía bien claro cuáles son los próximos planes de EU  antes de que sea demasiado tarde, según el  documento EU   les ofrece a Pinochet recibirlo en su país para así ellos dejar en el poder a un gobierno amigo, esto de amigo, creo  que todo el mundo lo entiende,  pero si acaso alguien no lo sabe,  eso viene siendo otro títere sumiso defensor y representante de sus intereses pues ya aquí en Chile quieren hacer lo mismo que ha hecho en otros países donde le ha hecho creer a  esos pueblos que se han puesto de su parte,  pero la  verdad es que EU  sólo está de parte de ellos mismos sin importarle nada ni nadie.

## *Deseo de darse a conocer*

Lo que está haciendo el jurista y político Vinicio Vincho Castillo en 1987 no es más que eso, deseo de darse a conocer. Digo esto avalado por lo que ha sido por años nuestro sistema jurídico, político y social como todos muy bien sabemos en nuestro país si se es rico y político usted está exento de cualquier conflicto legal.

Pues desde que usted pertenece a una de esas dos sociedades, usted es respetado por todo el mundo, es decir, por todos los dominicanos, respetados por los mismos políticos, respetados por la sociedad y respetado por la justicia. Los políticos lo respetan porque piensan que ese que hoy esta abajo mañana puede estar arriba y por ese por sí acaso es muy respetado por sus hermanos de profesión. La sociedad lo respeta porque el tipo es político porque tiene cunas. La justicia lo respeta porque casi siempre ha sido vulnerable al soborno y mediatizada por esas dos sociedades, tanto el político como el rico siempre consiguen lo que quieren en nuestro país, por eso ese título que dice "deseo de darse a conocer". Pues no creo que Vincho pueda creer que es verdad que la justicia dominicana va a castigar a lo que él dice violaron la ley o que desfalcaron al Estado o a los institutos castrenses, pues creo que tratándose de esas personalidades la justicia dominicana pierde su poder.

Con esto no quiero decir que crea que esa gente que Vincho acusa son culpables, no eso no, al contrario creo que  especialmente Jorge Blanco y Cuervo Gómez son dos hombres con sobrada honestidad como para manchar su conducta en algo que no se puede hacer oculto.


Digo que no se puede hacer oculto, porque aunque en nuestro país no hay justicia, pero sí muchos chismosos, muchos detractores de conducta.  Además ni Jorge Blanco ni Cuervo Gómez se habían declarado vitalicios, con esto quiero decir que  ellos tenían que  saber que  lo que  se dijo a  la  salida del  Dr. Joaquín Balaguer en 1978 al salir de la presidencia eso mismo iba a  decir él al tomar el  poder después de 8 años,  por tanto creo que  si  al gobierno Balaguer le aplicaron la  tesis de borrón y cuenta nueva, como cree Vincho que este otro gobierno saliente se le va a  hacer justicia.  Aunque esto de justicia lo digo porque ella es  la única que  tiene el deber y poder de hacerla donde se deba hacer pero como está bien sabido entre deber y poder hay una enorme distancia por eso creo que el  señor Vincho lo que quiere es darse a  conocer.  Pues creo que ese señor hasta el 1978 fue un desconocido para la mayoría de la sociedad dominicana.


Creo  que ese señor sólo lo conocían  sus colegas y unos cuántos jueces,  pero el  verdadero pueblo dominicano no sabía nada de su existencia, pues aunque este señor es el representante  de  un  ventorrillo  político  llamado  partido, todavía seguía siendo desconocido para las mayorías, pues el partido que representa es  tan pequeño que  cada vez que pasa una elección que  es  el  periodo donde se prueban las fuerzas este  pierde su personería jurídica para poder incursionar en la política.  Pues por ese deseo de darse a conocer fue que  en 1978 se puso contra el  pueblo que  mayoritariamente votó blanco para sacar a Balaguer del  poder, pues así como suena sin el menor respeto a su pueblo Vincho Castillo y otros pasaron a la historia con el llamado fallo histórico, pues como ya dije antes a la historia entran los buenos y los malos por tanto parece que a Vincho le agrado su entrada a la historia con el fallo histórico y ahora quiere entrar por segunda vez cuando haga historia llevando por primera vez a los tribunales a un ex-presidente y a un ex-jefe de las fuerzas armadas. Digo, si no es que se esté imitando en Santo Domingo lo que se hizo en Argentina con aquellos generales o puede ser que se esté tratando de mostrar al mundo que en Santo Domingo sí hay democracia. Democracia que se la debe y se la debemos a los 8 años del partido PRD el partido al que perteneció Jorge blanco y Cuervo Gómez, Jefe de las Fuerzas Armadas.

Oyendo esto usted dirá que estoy de parte de estos corruptos pues si piensa así le diré que está equivocado al contrario me gustaría que si en verdad han habido desfalco del erario público, del dineros del pueblo me gustaría que se haga justicia, pero verdadera justicia no la que yo creo que se está haciendo, la cual yo le llamo revanchismo político.

Digo revanchismo político porque se y estoy seguro que sólo así se puede hacer justicia en mí país. Para que en mí país a alguien se le haga justicia tiene que ser un pobre sin ninguna influencia sea personal o de algún familiar y si es un tipo de esos que es rico y con influencia política, para que se le haga justicia o para que sea castigado tiene que ser un caso como este, es decir, como el caso de Jorge Blanco, Cuervo Gómez y de Leonel Almonte y otros, o sea en una sola palabra como el caso que le está sucediendo al

PRD porque con esto el Partido Reformista le está haciendo ver al pueblo dominicano que los líderes y dirigentes
perredistas son unos corruptos mientras que ellos se purifi-
can en las aguas del revanchismo político castigando a los
que no tuvieron el coraje ni el valor para llenar las cárce-
les dominicanas con todos los ladrones que desfalcaron el
país durante 12 años de gobierno reformista y que se sepa,
que esto no lo digo yo, lo dijo el propio Balaguer aceptó
que su gobierno estaba tan corrompido que dijo que la
corrupción se detenía en la puerta de su oficina, así que
con todo esto aunque usted no lo crea el pueblo saldrá ganando porque aunque no creó en la justicia dominicana
creo que de ahora en adelante en República Dominicana se
acabaran los robos del erario público por temor a ir a la
cárcel, pero puede ser que no se detenga sino que se robe
más de lo que hasta ahora han robado los desfalcadores,
porque como ya dije no creo en la justicia de mí país, sino
en el revanchismo político puede ser que estos sabiendo
que se trata de revanchismo, de deseo de hacer daño y de
dañar, estos roben más que antes porque como ya saben
que es revanchismo, van a ser ladrones aunque sean hon-
rados, que mal precedente para los políticos y para el pueblo que al fin y al cabo es el contribuyente.

# *El escándalo del general Manuel Antonio Noriega*

Este es  un caso que  debe servir como ejemplo a  los pueblos latinoamericanos y al mundo, pero especialmente a los dirigentes políticos o a  los que  viven de ella.  Hoy día 5 de Febrero  de 1988 dice la prensa hablada y televisada que  ha sido juzgado y encontrado culpable de traficar y encubrir tráfico de drogas al General Manuel Antonio Noriega, jefe de la Guardia Nacional de Panamá o mejor dicho el  llamado hombre fuerte de Panamá, nombre que lo adquirió por su lealtad a  las órdenes de la Casa Blanca y el Pentágono.

Creo que el General Noriega debe estar muerto de rabia en este  momento al ver que sus antiguos amigos hoy le serruchan el palo porque parece que  ya no le sirve o conviene a  sus intereses o quizás porque ha hablado o ha hecho amistad con alguien que  no es  amigo de EU   pues es bien sabido que  EU  también escoge nuestros amigos.

EU  es un país tan desmoralizado políticamente, que ya no tiene ningún miramiento para lanzar acusaciones.  Pues creo  que  no cabe en la  mente de nadie con la  más mínima dosis de moral, decir que  hacía mucho que  ellos sabían, es decir, los EU  que el General Noriega estaba permitiendo tráfico y traficando con drogas, pero que  se habían mantenido callados porque él estaba cooperando con ello con informaciones secretas de otros países como Cuba y Nicaragua.  Ahora yo me pregunto ¿Es honesto eso?

Creo que no, pues se ve bien claro que  sí es verdad que Noriega ha hecho todo eso de lo que  hoy lo acusan creo que debe ser condenado  y estos que dicen lo encubrieron, así que yo creo que si la justicia es justa, es imparcial debe condenar con la misma pena el ex-Cónsul Blandon y a la administración Reagan y a los funcionarios que  sabían de la delincuencia del General Noriega.

O no será que  si  el  General Noriega hubiera seguido al servicio de EU   hubiese podido seguir inundando al  mundo de drogas sin que  nosotros hoy lo supiéramos,  pues si hoy sabemos,  si hoy Antonio Noriega es  un delincuente, es  porque busco amigos sin el consentimiento de la  Casa Blanca,  la CIA y el Pentágono  que  son los monopolios del  terror, la  delincuencia y el  crimen institucionalizados, ya no hay nombres con que  nombrar  los abusos que  se cometen contra nuestros países y lo peor como otras tantas veces he dicho, es  ver a  hermanos ponerse contra sus hermanos de raza, hermano en la cultura, en la explotación, en el  hambre, impuesta desde afuera, creo  que  todos sabemos por quién,  pues lo que  es  costumbre se hace ley, por eso lo que  dice EU  es  una ley, una orden.

Es ridículo ver como EU  es  el  juez para decir que elecciones son válidas y cuáles no, ahora dicen que  allí hay dictadura.  Igual sucedió en Nicaragua, allí se celebraron elecciones con la participación de varios partidos,  en esas elecciones participaron varios observadores internacionales,  pero esas elecciones fueron invalidadas por el  juez

(EU ) mientras que  sí  fueron validadas el maratón que celebra Pinochett en Chile, Henry Namphy en Haití y la que  celebraron en El Salvador que la  gano el  gobernador Napoleón Duarte, esas sí son limpias y válidas porque el justiciero juez apoyó una guerrilla contra un país libre como lo es Nicaragua, le reclaman a  la  Unión Soviética la intervención en Afganistán.  Yo creo que EU  se cree el Dios terrenal pues se cree con el  derecho de hacer y deshacer.

Aunque creo  que  el  mejor bautismo se lo hizo Komeni el presidente de Irán cuando lo llamó el gran Satán,  por eso yo digo que  sólo habrá paz en el mundo cuando EU  deje de ser potencia o imperio.

Norma Santana

## *La ONU o Naciones Unidas*

Las Naciones Unidas fue fundada en 1942 por Franklyn D. Roosevelt, entonces Presidente de los Estados Unidos, empleó el término de Naciones Unidas para referirse a los 26 países que ese día se comprometieron a  seguir la  guerra contra el  Eje. Finalizado el  conflicto en Europa, representantes de 50 estados del mundo se reunieron en San Francisco, California del 25 de Abril al 26 de junio de 1945 y siguiendo la  pauta trazada en la  conferencia de Dumbarton Washington redactaron la  Carta de Naciones Unidas.

La organización de Naciones Unidas quedó oficialmente constituida el 24 de octubre de 1945 al ser ratificada la carta por la  mayoría de los países participantes, entre ellos las cinco grandes potencias, China, Estados Unidos, Francia, Gran Bretaña, y la Unión Soviética.

La  Asamblea General está compuesta por todos los estados miembros, sus funciones son considerar todos los problemas que  afectan la  paz y la  seguridad y fomentar la colaboración política internacional.

Hay otro principio muy importante o quizás el  más importante, es  el  llamado Consejo de Seguridad, este está compuesto por 5 miembros, China, Estados Unidos, Francia, Gran Bretaña, y La Unión Soviética, son permanentes porque tienen como función el mantenimiento de la paz, así como suena, el mantenimiento de la paz. Pero más bien yo diría que ese día , ese grupo no se organizó para mantener la paz, sino la guerra, porque a partir de la fecha siempre han habido guerras, sólo que con otro método, otra característica, pero por el mismo motivo el comercio y el poder imperial. Pues como ya dije esa gran mayoría de esos países miembros creyeron estar apoyando la paz y no se imaginaron que apoyaban la guerra y que muchas veces todos contra ellos mismos. Esto sucedió así porque ese mismo día sin saberlo ese grupo de miembros le dio el arma, el látigo, si se puede llamar así a, esos cinco países que son permanente y con derecho a veto para que lo castigue a ellos mismos por tanto yo creo que ese organismo es inoperante porque no tiene poder para castigar o hacer justicia contra el culpable, sino contra al que esos poderosos con poder quieran castigar, pero todavía hay algo más doloroso y es el hecho de que esos cinco que tienen derecho a vetar cualquier resolución que a uno de ellos no le parezca correcto para su conveniencia son los verdaderos violadores de esos principios. Y casi siempre contra su miembro Entonces cuál es la paz, cual es la justicia que hará este organismo? Pues no creo que haya tontos tan tontos que de su apoyo para que los fusilen, pues esos y no otra cosa sería lo que haría uno de estos países con derecho al veto, si apoyaran cualquier resolución que vaya en contra de alguno de ellos, por tanto creo yo, esa mayoría de países miembros fueron traicionados ese mismo día y lo peor del caso que fue apoyado por ellos mismos, aunque se sabe que fueron sorprendidos en su buena fe, entonces qué valor tiene este organismo, qué poder tiene para garantizar la paz? Pues repito están inmunes los verdaderos violadores de esos principios que ese organismo en sus cánones exige respetar. Como una prueba más de esto tenemos el caso de Nicaragua cuando en 1985 la CIA con el  apoyo del Pentágono y la Casa Blanca mino el Puerto de Corinto en Nicaragua donde les causaron cuantiosas pérdidas en la  economía de ese pobre país.

En ese caso Nicaragua recurrió al derecho que  le dan las leyes y especialmente al que  le otorga el  ser uno de los miembros de Las Naciones Unidas, pues como habría de esperarse Nicaragua sometió el  caso al Tribunal de Justicia Internacional.

Este tribunal después de deliberar por largo tiempo halló culpable a EU  de intervenir y causar daño a  la  economía de ese país. Ese tribunal por mayoría de votos le exige a EU  suspender toda ayuda a  esos grupos guerrilleros que atacan a Nicaragua y que son patrocinados y dirigidos por E.U. y apoyados por países vecinos como lo es Honduras y otros ya conocidos.  Pero como ya tantas veces he dicho, EU  no conoce otra ley que  no sea la  del  imperio, la de la fuerza y el abuso y como había de esperarse se negó a obedecer el mandato de su propio engendro que es  el  Tribunal de Justicia Internacional con asiento en La Haya.

Órgano este  que  es dependencia de Las Naciones Unidas, pero como ya sabemos EU  con tal de garantizar sus intereses y al poder imperial le importa muy poco lo que piensen de él los demás países miembros que  creo  deben estar aterrorizados con esta  actitud, pues con esto EU  deja dicho a  los demás países miembros que  ellos no respetan ningún acuerdo ni ley, a  no ser la  que  los proteja a  ellos o mejor dicho a  sus intereses económicos y a su poder imperial, pues como había  de esperarse en EU  vetó la  resolución o condena impuesta por ese tribunal.  Cuando hablo de

EU  me estoy refiriendo al presidente de EU  y sus dirigentes, nunca al ciudadano común, pues ellos son quienes políticamente representan al pueblo, a  un pueblo digno de más respeto de parte de sus gobernantes,  pero se da el  caso de que  estas gentes después de estar en el  poder se olvidan del  pueblo que  lo llevó a  esa posición y actúan sólo para satisfacer sus apetencias personales sin importarle el  gran daño que  le ocasionan a  su pueblo. Pues  E.U. puede librarse de esta  condena desobedeciendo las leyes, pero el desprestigio moral no se lo quitará nadie.

Yo creo  que  EU  está dando palos a  ciegas tal como el juego aquel que  ya anteriormente hable de la gallina ciega, digo esto porque todo lo que  los EU  actualmente es  para perjudicarse,  pues EU  no cree que  los tiempos cambian y que  hoy en 1986 al final de siglo xx no se puede estar haciendo ni diciendo lo que  se decía en el  siglo XVII y XIX pues ya sabemos que  a  un pueblo se le puede engañar por mucho tiempo, pero no todo el  tiempo.

# *Otro organismo inoperante y disfuncional es la Organización de Estados Americanos (OEA)*

Este organismo tiene como función primordial el  mantenimiento de la  paz entre sus miembros, acción conjunta en caso de agresión, solución a  los problemas políticos, jurídicos y sociales,  pero estos principios sólo son observados por los débiles, porque los poderosos no respetan estos principios, quiero aclarar que  aunque hablo en plural la expresión no corresponde, pues como es bien sabido esta organización es usada por los poderosos.  En este caso EU para castigar a los que  los desobedecen, por tanto este organismo es  inoperante cuando se trata de hacer justicia, pues yo creo  que  esta  en vez de llamarse OEA debió llamarse Organización  de  Estado  Unidos  de  Norte  América porque así como suena es que  funciona además, que  EU Nunca ha creído que  existen estados Americanos sino EU de NA  digo esto avalado por el  comportamiento de este país que  siempre se ha creído rector,  el jefe de nuestros países y en verdad que  así ha sido, porque de los que  se hace o se deja de hacer en nuestros países EU  siempre tiene la última palabra, si digo que  este  organismo es  inoperante como ejemplo tenemos el caso de Santo Domingo, R.D.  en 1965, el  caso de Granada recientemente, el  caso de Nicaragua en la actualidad.  Menciono estos sólo como ejemplos.

En este último caso EU mantiene y dirige públicamente una guerrilla contra un estado que  se cree soberano, libre y con autodeterminación como lo tiene EUA., pero una cosa es, lo que  crean esos países y otra cosa es lo que  dicen las leyes y otra lo que  crea EU digo esto porque la  OEA sólo se reúne, sólo pone  sanciones cuando EU quiere y le conviene.  Por tanto es que  digo que la  OEA es  también disfuncional porque sólo  hace justicia parcializada o mejor dicho no tiene poder para castigar a los verdaderos culpables,  pues actualmente EU  ataca a Nicaragua, Honduras y otros países le apoyan y les sirven de base para ejecutar su agresión y  ningún país ha dicho esta boca es  mía para pedir a  la  OEA que se reúna para conocer del caso o mejor dicho para sancionar a  EU y a esos otros países que  lo apoyan en algo tan sucio e ilegal.  Digo  sancionar porque aquí no hay que conocer, pues ya se sabe con pruebas de quiénes son los culpables, sino, el  de siempre EU de N.A., el gran demócrata, el  gran defensor de los derechos humanos, el  defensor de la paz, la paz de su conveniencia.

De organizaciones, resoluciones, acuerdos y pactos como este  están llenos los libros de historia, pero ninguno funcionan porque de alguna manera desde un principio los poderosos se las ha ingeniado para imponer su voluntad y así quedar exento de cualquier resolución que  pueda afectar a  ellos en sus intereses, pues ya sabemos que  son muchos los métodos que  usan para conseguir sus propósitos, algunos de ellos cuando no usan su poder imperial usan el económico,  lo que  quiere decir que  ellos los poderosos llevan la  de ganar y por supuesto los débiles la  de perder porque, no existe la  verdadera justicia sin la  que  siempre ha existido, la  del fuerte contra el  débil y no  se sabe hasta cuándo.

# Castro ¿un fenómeno de la naturaleza o un pre-destinado?

Hagamos un pequeño análisis de la  vida política de Fidel Castro.  Por si usted no sabe, la vida política de Fidel Castro comenzó a  tomar notoriedad, desde el año 1956, en que  desembarcó en la  isla de Cuba al mando de 82 hombres armados.  Decidió darle la  libertad a  su pueblo,  que en ese entonces estaba gobernado por un gobierno ilegal, corrupto y manejado como siempre por EU, el  Pentágono y la  Casa Blanca en Washington.

Como ya dije, este  hombre armado de un sentimiento patrio y nacionalista y unos cuántos hombres con fusiles en sus manos, desembarco en La Sierra Maestra, para así dar inicio a  lo que  hoy es la revolución cubana que por ende ha revolucionado al mundo,  pues ha hecho saber a  los pueblos oprimidos por los imperios que  cuando hay valor, determinación y coraje, se tiene fuerza.  Creo que es  la primera vez en la  historia, que  un hombre y un pequeño país  se  ha hecho respetar  de unos  de los imperios más grandes y el  más peligroso del mundo.

Como todos sabemos, este imperio usa cualquier medio o método para imponer su voluntad. Pero con este  súper hombre, todo le ha salido mal, pues después de haberse impuesto su propia barba, varias veces se ha burlado de ellos y aunque ellos lo saben, han tenido que  tragárselo, para  menos quedar en ridículo.

Esto no quiere decir, que no haya hecho nada para destruir su revolución, o sea la revolución del pueblo cubano. Aunque hay muchos que dicen que es un oprobio, son muchos los que la alaban, incluso estadounidenses y otros que la quieren imitar, tanto así que si ya no hay unos quince o veinte países imitando la revolución cubana, se debe a la feroz batalla que está dando el imperialismo yankee para evitar que surjan otras Cubas. Es bueno que se sepa, queriendo o no EU otros pueblos se seguirán levantando, unos en armas y otros reclamando respeto a su pueblo, sus soberanías y sus libertades, porque a un pueblo se le puede engañar por mucho tiempo, pero no, por todo el tiempo.

Volviendo a Castro y su vida política, yo considero a Castro un predestinado, el hombre más valiente que ha tenido el mundo y el más valioso. Óigame bien "el más valioso" Creo que si la historia es justa, Castro debe ocupar el segundo lugar en el mundo, sólo superado por las hazañas de Jesucristo. Pero ya sabemos que Jesucristo era o es el hijo de Dios. Castro, el hijo de un hombre y una mujer, pero como todo ser humano y especialmente como político, este hombre es un genio, un superhombre, un grande entre los grandes, sino el más grande.

Como ya lo dije, aunque tengo que pedir excusas, por si alguien no muy modesto, crea que no he sabido valorar sus grandes hazañas. Se que lo hay y muchos, pero también creo que si le preguntara a esos grandes prohombres que has habido, muertos y vivos, tendría que concluir que Castro es el más grande. Pregunto, se imagina usted un hombre que desembarca en un país con un ejército organizado, apoyado por una superpotencia? Y él con unos ochentas hombres enfrentarse a  un ejército regular combatirlo, permanecer invulnerable a  todos los obstáculos que  de seguro enfrentaron, y mantener ese espíritu de lucha hasta por fin obtener el  triunfo de una manera espectacular,  tan espectacular, que  ya lleva 25 años dando ejemplo de patriotismo y nacionalismo a los demás pueblos que   sufren por la opresión de lo que nada le importa a  no ser mantener la hegemonía y la  seguridad de sus intereses.

He oído unos cuantos disgustados con el  sistema, criticarlo, una pequeña minoría lo hace porque en verdad no le gusta el  sistema, otros tantos lo hacen porque simpatizan con el  antiguo sistema corrupto y títere que gobernaba la isla, otro lo usan como un medio profesional que  le deja buenos, muy buenos dividendo, porque no sólo se enriquecen con el  dinero de unos cuántos incautos anti-comunista, sino que  también le sacan unos cuántos miles o millones al Pentágono.  Pues a  este le interesa que  ellos hablen del paredón, de famoso guateque  campesino y por si  alguien no lo recuerda o no lo oyó, eso es  algo así como una radionovela, donde los milicianos llevaban  al paredón de fusilamiento a indefensos ciudadanos sólo porque no comulgaban con el sistema.

Esa falsa propaganda se difundía por una radioemisora que  se hacía llamar Radio Américas, algo así como lo que es  hoy Radio Martí en 1986 a finales de siglo xx con la diferencia que  hoy después de 25 años tanto  el pueblo de cuba como los demás pueblos latinoamericanos que   era para quienes se difundió la  falsa novela o propaganda del guateque campesino, ya no son tan tontos respecto al cuco del comunismo,  ya los pueblos de este  continente saben que  ahora la  guerra, el  peligro no lo representa Cuba ni la ideología comunista, sino el  dragón imperialista del Norte que  se llama EU  de Norteamérica, que  es el  que  ha explotado a  esos pobres países hasta sumirlo en la  miseria más espantosa, ya esos pueblos que  sufren hambre, saben que  la  ideología  no se come ni mata,  la  que mata es  el hambre, la  miseria, la  enfermedad, la  represión y la desnutrición por falta de pan, ya los pueblos saben que EU  es quién le niega el  pan y el  que  se lo quita, por tanto ya los pueblos  del  mundo  y  esencialmente  los  del  Continente Americano, ya no se dejan engañar con falsas propagandas, a nuestros pueblos lo que  le hace falta es  fuerza y líderes dispuestos a defender su pueblo, tal como lo hizo y lo ha hecho ese gran héroe del coraje, del patriotismo y nacionalismo en 1959 en Cuba, Fidel Castro.


Y como ahora surgió este nuevo grande entre los grandes en 1985, Alan García en el Perú.  Con esto no estoy acusando a  nadie en particular, pero citando palabras de la Biblia,  digo que el que se sienta libre de pecado que  lance la  primera piedra.

*Biografía*

Norma Santana, 1960, en Abadesa, Cevicos, República Dominicana.

Soy la mayor de siete hermanos.

En 1968, mi padre viaja a Estados Unidos buscando una mejor vida y yo me quede con mi abuela, madre, hermanos y tíos.

Mi padre regresó en 1970 y en 1972, año que se divorció de mi madre.

A mis 12 años comencé la escuela secundaria en Cevicos, que para mí fue un lugar de socialización.

En 1974, mi padre vuelve a casarse y ese mismo año me lleva a vivir con él y su esposa, pero más tarde él, su esposa y mis hermanos menores van para Estados Unidos, quedándome yo con una niñera hasta que saliera mi visa norteamericana.

1980, viajo a Estados Unidos de América para reunirme con mi familia y empezar mi vida de emigrada, allí terminé la escuela superior y comencé a trabajar en factorías como operadora de máquinas de coser.

En 1983 contrajo matrimonio, mi esposo me inscribió en la universidad para estudiar el idioma inglés y cosmetología, me gradué en 1985. Más tarde comienzo a trabajar como cosmetóloga y al mismo tiempo comencé mi propio negocio con una tienda de artes manuales.

En 1988 nace mi único hijo, más tarde me divorcio y continúo estudiando, atendiendo sola mi negocio e hijo.

1997 terminó la universidad con una Licenciatura de comportamiento humano. En este mismo año, comienzo a trabajar en la junta de educación de NYC como asistente de maestros en el departamento de educación especial, laboré en este lugar 19 años y en 2017 me retiro y me mude para Idaho, donde vivo hasta hoy, con mis tres nietos e hijo.

En 2020 publica su primer libro: "Reflexiones: rimadas y más".

Resumiendo

El tiempo que viví en mi país natal me percaté de varias situaciones.

• La importancia que tiene que ambos progenitores, eduquen y críen a sus hijos juntos.

• Al llegar a la ciudad vi como en tiempos de política las personas se alborotan clamando por un candidato con la esperanza que mejore su vida propia, sin embargo, yo entiendo que con una educación balanceada no hay que esperar que un aspirante suba a la presidencia para sobrevivir, con una buena educación basta y sobra para vivir sin esperar que el partido por el cual usted entrega el voto.

• El desorden, ruido y los feminicidios en dominicana son parte de la cultura, situación social que no todos compartimos, pues hacemos muchos que deseamos vivir en paz.

• La pobreza en que vive mi país, sin que ningún gobierno haya puesto empeño en mejorar la situación de miles que viven en extrema pobreza.

La experiencia vivida en mi país natal, y la de todos estos años vividos en Estados Unidos de América, como trabajadora como asistente en la escuela, emigrada y madre soltera, fueron las causas que me llevaron a plasmar en mis escritos mis observaciones, esperando con este grano de arena, dar mi aporte a la vida.

www.edicionesgargola.webnode.es

Norma Santana